이세돌,
인생의 수읽기

이세돌, 인생의 수읽기

이세돌 지음

반상 위의 전략으로 삶의 불확실성을 돌파하다

웅진 지식하우스

무한히 펼쳐진 가능성 속에서
끝내 '나만의 수'를 찾아내는 것.
그것이 내가 생각하는 바둑이다.

나는 바둑을 예술로 배웠다.
이기지 못하더라도
'최선의 수'를 두는 것이 중요했다.

그러나 인공지능 등장 이후
바둑의 패러다임이 완전히 바뀌었다.
그 변화는 내가 은퇴한 이유이기도 하다.

이제는 바둑판을 넘어
인생 위에 나만의 수를 둬야 할 때다.

정해진 답은 없고,
누구도 대신 둘 수 없다.
돌고 돌아도 가장 나다운 수를 찾아가는 것,
지금 내가 가야 할 길이다.

프롤로그

알파고 대국 이후, 내가 마주한 질문들

 2016년 알파고와의 대국이 아직도 생생하다. 그때 이후 많은 것이 바뀌었다. 인간이 바둑에서 인공지능을 이기기 어려운 시대가 열렸고, 더는 예전 방식으로 바둑을 둘 수 없다는 사실이 분명해졌다. 그 대국은 단순한 승부가 아니었다. 바둑의 미래, 그리고 인간의 위치에 대한 질문을 던지는 사건이었다.

 우리가 옳다고 믿어온 것들, 당연하다고 여겼던 것들이 흔들리기 시작했다. 알파고의 수들을 마주하며 수없이 자문했다. 정말 우리가 그동안 두어온 방식이 옳았던 걸까? 우리가 옳다고 믿은 그 감각은, 어쩌면 착각이었던 건 아닐까? 그동안의 이론과 판단이 무너지는 경험은 단순한 충격이 아니라 기나긴 성찰로 이어졌다.

지금은 인공지능이 추천하는 기보를 '정답'처럼 받아들이는 시대가 되었다. 패턴과 확률이 중요해지고 예측 가능한 수가 미덕이 된 세상이다. 그 흐름이 잘못됐다고 말할 수는 없지만, 내가 몸담았던 세계가 더 이상 존재하지 않는다는 사실은 분명했다. 그래서 알파고와의 대국 이후 3년이 지나, 나는 은퇴를 선언했다. 그 후로 지금까지 나는 질문을 놓지 않았다.

'인간만이 할 수 있는 바둑이란 무엇인가?'

'인공지능 시대에 '창의성'이란 무엇인가?'

'우리는 어떤 태도로 미래를 마주해야 하는가?'

하나 분명한 건 인공지능은 인간을 실력으로 압도할 수 있지만 바둑의 본질을 창조해내는 힘은 인간에게 있다는 사실이다. 이제 인간의 역할은 바둑을 더 깊고 새롭게 '만드는 일'이다. 창조 영역에서 인간은 여전히 무한한 가능성을 지닌 존재다. 그러니 인공지능을 두려워하기보다 창조성을 발휘하기 위해 인공지능과 현명하게 협력해 강점을 극대화할 시기라고 생각한다.

변화의 속도는 걷잡을 수 없이 빠르고, 변화의 양상도 다양해졌다. 과거의 10년이 지금의 6개월이라는 말도 이미 지나간 이야기다. 이 불확실성 속에서 우리는, 인간은 어떤 수를 두어야 할까. 어떤 삶을 살아야 할까.

바둑에서 '수읽기'란 상대의 수를 해석하고, 앞으로의 흐름을 예측하며, 최선의 수를 결정하는 일이다. 나 역시 정확한 답을 알 수 없다. 정확한 답이 존재하는 것도 아닐 것이다. 그렇지만 답이 없는 세계에서 수백 번, 혹은 수천 번의 수읽기를 통해 나만의 바둑을 완성하고자 했던 치열한 전투가 독자들의 삶에 도움이 되길 바라는 마음에 이 책을 썼다.

실제로 바둑을 두면 수읽기를 비롯해 형세 판단, 승부수, 시간 공격 등 반상 위의 전술이 인생의 이치와 닿아 있을 때가 많았다. 위기를 한 번의 승부수로 돌파할 것, 휘둘리지 않고 나만의 수를 둘 것, 그리고 그 수에 책임을 질 것, 지나친 신중함은 독이 된다는 것 등이 그렇다.

물론 바둑을 인생에 비유하기엔 무게감이 다르다. 바둑에서의 패배는 그저 한 판의 기록일 뿐이지만, 인생의 실패는 되돌릴 수 없는 결과로 이어질 때가 많다. 하지만 정답이 없는 시대일수록 바둑이 인생에 전하는 교훈은 더욱 명확해진다고 생각한다.

  바둑에서 가장 위험한 순간은 자신이 유리할 때다. 생각이 많아져 실수를 할 확률이 높기 때문이다. 반면 불리할 때는 두어야 할 수가 명확해지고, 무엇과도 타협하지 않고 상황을 돌파할 힘이 생긴다. 급변하는 환경 속에서 각자가 저마다의 어려움에 직면해 방황하고 있을 거라고 생각한다. 이 책이 불리한 상황에서 자신만의 길을 찾고 앞으로 나아가는 계기가 되기를 바라본다.

차례

프롤로그 알파고 대국 이후, 내가 마주한 질문들 · 7

1장 바둑과 인생, 정답 없는 세계에서 배운 것

끝내야 할 때를 알아야 한다 · 17
인공지능, 인간의 금기를 깨다 · 24
승자와 패자가 없는 싸움도 존재한다 · 31
돌 하나에도 체면이 있다 · 43
승부수, 자신의 모든 것을 던지는 일 · 51
시간 공격, 상대의 시간은 곧 나의 시간 · 57
그저 바둑 한 판 두는 것일 뿐 · 64
Sedol's Comment_인생에도 미생과 완생이 있다 · 69

Special Essay 알파고와의 대국을 회고하며 · 82

2장 멘탈이 흔들리는 순간 끝이다

고지를 앞두고 무너지다 · 129
집중력에도 전략이 필요하다 · 134
둘 자리가 명확하지 않다면 멈추는 게 낫다 · 139
승부의 아이러니, 허무한 실수에서 승패가 갈리다 · 145
상황은 바꿀 수 없어도 내 마음은 바꿀 수 있다 · 152
루틴이 없는 것이 루틴이다 · 157
Sedol's Comment_명국은 없다, 그러나 우리는 둔다 · 163

3장 상식을 뒤엎어야 길이 보인다

신중함은 때론 독이 된다 • 169
너무 많은 경험은 나를 옭아매기도 한다 • 176
자신만의 해답을 찾아가는 시간 • 183
모호한 수로 상대를 당황시키다 • 189
일인자도 열 판 중 두 판은 진다 • 193
Sedol's Comment_기보, 언어에서 데이터로 진화하다 • 201

4장 무너지지 않는 기준을 세우다

슬럼프는 내 안의 기준선이 무너질 때 온다 • 207
중요한 것은 상식과 효율이다 • 213
넓게 보되 가까운 것을 놓치지 말 것 • 220
수많은 오수가 쌓여야 정수가 나온다 • 225
인생에도 복기가 필요하다 • 231
내 돌은 내가 놓아야 한다 • 237
Sedol's Comment_10, 20, 30, 그리고 40 • 245

5장 질 자신이 없다는 말

이긴다는 생각으로 임한다 • 251
직관, 자신의 감각을 믿어라 • 257
때론 근거 없는 자신감도 필요하다 • 264
성공 경험은 무뎌진 감각을 깨운다 • 273
Sedol's Comment_무언가를 열렬히 좋아한다는 것 • 279

6장 인공지능 시대를 위한 인간의 승부수

알파고 쇼크, 미래는 이미 와 있다 • 285
기술의 진화를 어떻게 받아들일 것인가 • 298
추상적 사고의 힘을 쌓아야 할 때 • 305
풍요와 함께 찾아온 위기 • 311
Sedol's Comment_인공지능 시대, 그럼에도 바둑을 배워야 할까 • 317

에필로그 다시, 초심자의 마음으로 • 321

1장

바둑과 인생, 정답 없는 세계에서 배운 것

끝내야 할 때를 알아야 한다

'인간이 주도하는 바둑의 시대는 끝났구나.'

2016년 알파고에 패한 후, 나의 수읽기로는 도달할 수 없는 한계를 실감했다. 이길 수 없는 상대와 대국을 반복하면서, 어느 순간 그것이 거스를 수 없는 흐름이라는 걸 깨달았다. 그렇게 자연스레 은퇴를 결심했다.

사람들은 한 판의 승리에 박수를 보내며 "인간의 자존심을 지켰다"라고 말했지만 어쨌든 나는 알파고와의 대국에서 패했다. 인공지능에 졌다는 사실이 아무렇지도 않았다면 거짓말일 것이다. 애써 담담한 척했지만 나 자신에 대한 실망감, 막막함, 좌절감 등이 밀려왔다. 큰 충격이었다. 어린 시절부터 하나하나 쌓아온 나만의 세계는 완벽하게 끝났구나. 바둑 기사로서 인공지능 앞에서 영원한 패자로 남았다는 생각과 감정이 나를 새로운 세계로 이끌었다.

은퇴 결정은 한 수를 놓는 일과 같았다

바둑계에서 은퇴한다는 것은 단순히 일을 그만두는 문제가 아니라, 평생 지녀온 정체성을 내려놓는 일이자 수십 년간 몸담아온 세계와의 고별을 의미한다. 어린 시절부터 바둑만 바라보며 달려왔기에 나를 '바둑 기사'가 아닌 다른 모습으로 상상하기란 쉽지 않았다. 그럼에도 망설이지 않고 결정했다. 이유는 의외로 단순했다. 바둑이 더 이상 즐겁지 않았기 때문이다. 인공지능을 따라 공부하는 것에 흥미를 느끼지 못했고, 바둑에 대한 감정도 예전만큼 뜨겁지 않았다.

언젠가 이 자리에서 내려올 수밖에 없다는 걸 알고 있었다. 다만 그 시기를 조금 앞당겼을 뿐이다. 깊은 고뇌나 눈물 어린 결심은 없었다. 어느 날 술 한 잔 앞에서 '이제는 내가 있어야 할 자리가 아니다'라는 결론에 이르렀을 뿐이다. 그렇게 물러나는 것이 맞겠다는 생각이 들었다.

많은 사람들이 평생의 업을 내려놓는 일인데, 어떤 대단

한 각오가 있었는지 물어본다. 하지만 거창한 결단이 아니라 상식에 의거한 판단이었다. 효율적으로 생각하고, 감정에 휘둘리지 않고, 흐름을 거스르지 않는 선택, 내 가치관에 따른 것이었다. 그럼에도 한 가지 마음에 걸리는 게 있다면 나를 아끼고 응원했던 지인과 팬들에게 아쉬움을 남긴 것 같다는 점이다. 그 때문에 죄송한 마음이 계속 남아 있다.

나는 오래전부터 마흔 살쯤 은퇴하겠다고 생각했다. 그 정도가 나의 한계일 거라고 생각했기 때문이다. 무엇보다 (사람 한정) 그 누구라도 이길 수 있다는 자신감을 느끼는 상태에서 은퇴하고 싶었다.

사실 프로 바둑 기사에게는 정해진 은퇴 시기가 없다. 과거에는 40대까지 전성기를 누리기도 했지만, 내 세대부터는 20대 초·중반이 가장 날카로운 시기였다. 경험이 많다고 좋은 것만은 아니다. 경험이 너무 많이 쌓이면 오히려 머릿속이 복잡해지고 이 때문에 판단이 무뎌진다.

조훈현 국수님처럼 예외적인 사례도 있다. 그분은 40대까지 전성기를 이어갔지만, 그건 시대가 다른 영향도 무시

할 수 없을 것이다. 그때의 바둑은 지금과 다른 속도와 구조를 지녔고, 지금은 인공지능의 분석까지 더해져 훨씬 고밀도의 수읽기를 요구한다. 결국 바둑도 인간의 두뇌 리듬과 분리해서 생각할 수 없다. 30대 중반을 넘기면 내리막이 시작된다. 그래서 나는 집착하지 않고 내 인생의 바둑은 여기까지라는 사실을 담담하게 받아들였다. 내게 은퇴란 '물러날 때가 되면 과감히 물러나는 것'이라는 단순한 진리였다. 지금도 그 판단이 최선이라 생각한다.

"그 정도면 몇 년 더 할 수 있었던 것 아닌가요?"

많은 이들이 이렇게 묻곤 하지만, 나는 오히려 한 살이라도 젊을 때 다른 가능성을 모색하고 싶었다. 남들은 은퇴를 늦추는 반면 나는 그 결정을 앞당겼다. 어쩌면 이건 성향 문제일 수도 있다. 어떤 이는 끝까지 가고 어떤 이는 새로운 길을 찾는다. 무엇이 옳고 그르냐의 문제가 아니라 '내가 책임질 수 있는 선택이냐'라는 점이 중요하다.

은퇴 결정은 마치 한 수를 선택하는 일과도 같았다. 흐름을 읽고 물러날 때를 아는 것. 그것이 내가 바둑에서 배운 태도였다. 바둑판 위든 인생이든 결국 중요한 것은 흐름을 놓치지 않는 결단의 감각이었다.

결정의 순간은 다시 오지 않는다

바둑에서 유리한 순간이 찾아왔을 때 과감하게 마무리하지 못하면 이후의 기회는 항상 차선일 수밖에 없다. 승률 80퍼센트에서 결단을 내리지 못하면 다음에는 70퍼센트, 그다음에는 60퍼센트로 떨어진다.

그런데 유리한 형세일수록 선택지가 많기 때문에 고민이 커진다. 그때 결단을 내리지 못하고 망설이면 심리적 압박이 커지면서 실수로 이어지고, 그 실수가 전체 흐름을 무너뜨린다. 프로에게는 승패가 중요하지만 승부에 너무 집착하면 판단력에 문제가 생길 수 있는 것이다.

반면 불리한 쪽은 오히려 단순해진다. 양보할 게 없고 버티는 데 집중할 수 있기 때문에 생각 외로 실수도 적다. 유리한 사람이 불리한 사람보다 심리 상태가 더 복잡해지기 쉬운 것이 바둑의 아이러니다.

나는 빠른 결단을 중요하게 여긴다. 바둑도, 인생도 마찬가지다. 흐름이 바뀌었을 때 억지로 붙들고 늘어지는 것보다는 그 흐름을 인정하고 물러나는 타이밍을 알고 행동하는 쪽이 훨씬 효율적이라 생각한다. 망설이면 기회는 순식

흐름을 읽고
물러날 때를 아는 것.
그것이 내가 바둑에서
배운 태도였다.

바둑판 위든 인생이든
결국 중요한 것은 흐름을
놓치지 않는
결단의 감각이었다.

간에 사라진다. 그리고 그 기회는 다시 오지 않는다.

바둑을 둘 때 빨리 결단을 내리는 것이 어려운 이유는 확신이 없기 때문이다. 어떤 수가 확실히 좋다고 믿지 못하면 결정을 미루게 된다. 그리고 그 망설임은 곧 패착°으로 이어진다. 경우의 수가 줄어든다고 해서 판단하기 쉬운 것도 아니다.

시간을 끌다가 역전당한 경험은 누구에게나 있다. 나 또한 '그때 끝냈어야 했는데…'라는 아쉬움을 남긴 대국이 있다. 한 판의 패배는 그날 하루가 아니라, 이후의 흐름까지 무너뜨릴 수 있다. 한 번 미뤄진 결단이 때론 바둑 인생 전체의 흐름을 바꾸기도 한다. 한 번의 잘못된 선택이 미치는 영향은 그만큼 크다. 그리고 그 싸움은 처음보다 더 많은 에너지가 필요하다. 삶은 결코 완벽한 타이밍을 보장하지 않는다. 그저 지금 이 순간, 눈앞의 기회를 잡을 것인가, 아니면 망설이다 놓칠 것인가 하는 선택만이 있을 뿐이다.

° 바둑에서, 그곳에 돌을 놓았기 때문에 결과적으로 지게 된 나쁜 수.

인공지능, 인간의 금기를 깨다

알파고와의 대결은 인간의 창의력이란 어쩌면 그저 학습에 의한 결과가 아닐까 하는 의문이 들게 했다. 기보°를 복기하고 알파고의 수를 들여다보면 우리가 두려워했던 자리, 감히 두지 못했던 곳에 아무렇지 않게 돌을 놓는 걸 알 수 있다.

그 수들이 모두 완벽한 것은 아니지만 거기에는 분명히 '우리가 보지 못한 바둑'이 존재했다. 그중에서도 내가 가장 놀랐던 것은 2016년 말 알파고 마스터 버전이 보여준 3·3침입이었다.

° 바둑이나 장기를 둔 내용의 기록.

3·3침입은 인공지능의 정체성

3·3침입이란 상대가 돌을 화점°에 두었을 때 좌표상 3·3이 되는 지점에 수를 두는 것을 뜻한다. 그동안 바둑에서 극초반에 3·3 자리에 두는 것은 금기에 가까운 수로 여겨졌다. 바둑은 보통 모서리의 화점 근방에 돌을 놓는 것으로 시작해 몇 수를 거쳐 점차 넓혀가는 것이 전통적인 흐름이다. 그런데 극초반에 3·3 자리에 두면 귀퉁이에 해당하는 '귀'는 얻을 수 있지만 상대방은 이를 공격하기 위해 밖으로 두꺼운 벽을 쌓는다. 결국 상대방 세력이 커지는 꼴이 되어 세력 싸움에서 불리해질 위험이 있다.

실리를 취하되 중심을 내주는 이 방식은 인간의 하찮은 능력으로 판단했을 땐 좋지 않게 여겨졌다. 무엇보다 균형과 흐름을 중시하는 전통적 포석°°에서 극초반 3·3침입은 그 미학을 깨는 수로 인식되었다. 그런 탓에 프로 기사들은 모두 멀리해왔고 나 또한 어릴 적부터 3·3 자리는 '절대 두면 안 되는 수'로 배웠다.

°   바둑판에 표시되어 있는 아홉 개의 검은 점.
°°   바둑을 둘 때 싸움이나 집 차지에 유리하도록 초반에 돌을 벌여 놓는 일.

나를 비롯해 수십 년 동안 정형화된 포석 이론을 기반으로 공부해온 프로 기사들은 이 고정관념에서 자유롭지 못했다. 하지만 인공지능은 달랐다. 관습적 제약도, 편견도, 두려움도 없었다. 망설이지 않고 극초반 3·3침입으로 바둑의 흐름 전체를 주도했다. 그 수는 단순히 실리를 챙기는 데서 그치지 않았으며 인간의 '감각'이나 '금기'를 넘어섰다. 당시 인공지능은 인간 기사들의 기보를 바탕으로 학습한 시스템이었다. 인간의 바둑을 배워 출발한 존재가 인간을 압도하게 될 줄은 상상하지 못했다.

이후 3·3침입의 시점이나 횟수에 대한 사람들의 생각은 완전히 달라졌다. 또 프로 바둑계 전체가 포석의 흐름을 재정비하는 계기가 되었다. 지금은 빠르게 3·3침입을 하는 것이 전혀 이상하지 않을뿐더러 좋은 전략으로 여겨진다. 알파고가 처음 극초반 3·3침입을 시작한 후 바둑의 세계는 조금 더 넓어졌으며 바둑에서 인공지능의 우위를 인정할 수밖에 없었다.

창의성은 틀 밖에서 생겨난다

'제 잘난 맛에 살아왔는데 나 역시 특별할 것 없는 기사

였구나. 이렇게 쉬운 것 하나를 못 두었다니….'

헛웃음이 났다. 바둑에서만큼은 누구보다 자부심이 있었다. 하지만 모든 것이 와르르 무너지는 느낌이었다. 지금은 많은 프로 기사가 당연하게 두는 3·3을 예전의 나는 왜 떠올리지 못했을까? 무엇이 나를 가로막았던 것일까? 내가 쌓아온 바둑에 대한 믿음, 바둑을 바라보는 기존의 틀, 그리고 그 틀에 대한 확신 때문이었을 것이다. 나는 늘 '최고'이자 '창의적인 기사'라 생각했지만 결국 그 작은 틀 하나를 깨지 못했다.

<u>2,000년이 넘는 바둑의 역사에서 아무도 3·3은 좋은 수가 아니라는 고정관념을 의심하지 않았다는 사실이 지금도 놀랍기만 하다. 인간의 믿음과 확신은 때론 얼마나 견고한 감옥인가.</u> 조금만 관점을 바꾸고, 몇 도만 시선을 틀면 전혀 다른 세계가 펼쳐질 수 있었을 텐데….

"서 있는 자리가 달라지면 보이는 풍경이 달라진다"라는 말이 있다. 알파고가 아니었다면 아직도 3·3은 프로 기사들이 꺼리는 수로 남았을 것이다.

바둑은 가장 창의적인 게임이다. 그런데 때론 정석이라는 틀 안에서만 움직인 것은 아닌가 하는 의문이 든다. 우리는 종종 '틀린 수' 두는 걸 두려워하지만 더 두려운 것은 '틀에서 벗어나지 못하는 것'일지도 모르겠다.

알파고에는 그 틀이 없다. 그저 승률이 높다는 이유만으로, 인간이라면 망설였을 자리에도 아무렇지 않게 둔다. 고정관념도, 불안이나 두려움 같은 감정도 없다. '욕먹지 않을까, 지면 어쩌지…?' 하며 눈치를 보거나 위험을 회피하지도 않는다. 인공지능은 오직 바둑판이라는 세계에 몰두해 승률을 높일 뿐이다.

"대체 창의성이란 무엇인가?"

나는 알파고를 보며 비로소 내가 갇혀 있던 사고의 틀을 인식했다. 창의성은 바로 그 틀 바깥에서 탄생한다는 것을 두 눈으로 확인한 셈이다.

우리는 종종 외부의 벽이 창의성이 발현되는 것을 가로막는다고 생각하지만 진짜 벽은 우리 안에 존재하는 게 아닐까. 어떤 틀에도 얽매이지 않는 알파고의 수를 보며 생각이 깊어졌다.

자기만의 틀을 깨는 일은 결코 쉽지 않다. 낯설고, 불편하며, 때로는 불안하다. 하지만 불편을 느낄 때야말로 벽을 허물 수 있는 기회가 아닐까? 불편을 환영하기는 어렵

우리는 종종 '틀린 수' 두는 걸
두려워하지만 더 두려운 것은
'틀에서 벗어나지
못하는 것'일지도 모르겠다.

겠지만 성장의 신호로 삼는다면 우리는 그 불편함 속에서 진짜 자신의 가능성과 마주할 수 있을지도 모른다.

승자와 패자가 없는 싸움도 존재한다

어느 날인가 중국의 프로 기사 구리古力 9단이 웃으며 말했다.

"내 생일이 한 달 빠르니까, 내가 형이네."

1983년생 동갑내기인 구리는 그 뒤로도 자주 자기가 형이라며 우기곤 했다. 2월생인 그의 생일이 나보다 한 달 앞섰기 때문이다. 웃자고 하는 농담인 줄은 알았지만 나도 지지 않았다.

"형은 무슨⋯."

사실 유치한 장난에 피식 웃음이 났다. 그만큼 우리는 단순한 경쟁 상대 이상이었다.

구리와 나는 닮은 점이 많다. 프로에 입문한 시기도 같다.

1995년, 열두 살 나이에 나란히 프로의 문을 통과했다. 바둑 스타일에서도 공통점이 뚜렷했다. 나는 초반의 불리함을 중반 이후의 전투로 뒤집는 바둑을 즐겼는데 구리 역시 유리한 흐름 속에서도 과감히 싸움을 거는 성향이었다.

둘 다 대국 중에 쉽게 물러서지 않았기에 우리 둘의 만남은 그야말로 '기세의 싸움'이었다. 바둑판 위에서 마주하면 기세가 자연스레 충돌했고, 수읽기보다 흐름과 감각의 싸움으로 번지는 일이 잦았다. 그래서 누군가는 "멀리서 봐도 이세돌과 구리, 두 사람이 두는 판인 줄 알겠다"라고 말하기도 했다.

같은 해에 출발했고 바둑 스타일도 비슷했지만, 우리가 걸어온 길은 조금 다르다. 나는 비교적 이른 시기에 성적을 냈고, 구리는 중국의 수많은 바둑 인구 중 치열한 경쟁을 거쳐 서서히 올라왔다. 그래서일까. 그를 본격적으로 의식하게 된 건 2003년경이었다. 그 무렵 구리의 실력은 정상권에 근접해 있었는데, 덕분에 나 역시 나태해질 틈 없이 긴장을 유지하며 바둑에 몰입했다.

실력이 팽팽하게 맞섰기에 그와의 대국에서는 늘 전심전력을 기울였다. 그래서인지 사람들은 이런 질문을 자주 했다.

"라이벌에게 졌을 때 타격이 크지 않나요?"

나는 그 말에 늘 같은 대답을 했다.

"인정할 수 없는 상대에게 지는 건 괴롭습니다. 하지만 인정할 수 있는 상대에게 지는 건 괜찮아요. 담담히 받아들일 수 있습니다."

구리에게 졌을 때는 억울하거나 납득할 수 없어 상심에 빠지는 일이 없었다. '오늘은 구리가 더 좋은 바둑을 뒀구나'라고 생각하며 자연스럽게 받아들였다. 그는 내가 진심으로 인정하는 기사 중 한 명이었고, 그와의 대국을 통해 나의 바둑을 점검할 수 있었기 때문이다.

그래서인지 구리에게는 이기면 이긴 대로 승리의 단맛이 있었고, 지면 진 대로 다음 판에서는 더 잘 두고 싶다는 마음이 생겼다. 구리도 나와 비슷한 마음이 아니었을까. 단순한 경쟁자를 넘어 서로를 진지하게 마주한 상대였기에 가능한 일이었으리라.

일대일로 맞붙는 경기에서 라이벌의 존재는 큰 자산이다. 테니스 선수인 로저 페더러, 라파엘 나달, 노바크 조코비치가 그랬듯 서로에게 자극이 되는 관계는 어떤 종목에서도 흔치 않다. 나에게는 그 자리에 구리가 있었고, 그와의 대국은 단순한 승패를 넘어선 경험을 안겨주었다. 구리는 내 실력의 기준이 되었고 긴장과 설렘을 동시에 안겨주는 상대였다. 어떤 날은 그가 앞섰고, 어떤 날은 내가 더 날카로웠다. 그런 대결은 늘 최선의 수를 끌어내게 했다.

무뎌져가던 시기에 다시 바둑이 즐거워지고 깊이 몰입할 수 있었던 건 그와의 경쟁 덕분이었다. 우리는 단순한 경쟁자를 넘어 서로를 단련시킨 일종의 러닝메이트였던 셈이다.

세 번의 결승에서 서로 맞붙다

구리와 나는 여러 차례 대국했지만 결승 무대에서 마주한 건 2009년 LG배 세계 기왕전이 처음이었다. 바둑 팬들의 관심도 컸고 나 또한 그 대국을 특별하게 느꼈다. 첫 결승은 이후 수년간 이어질 라이벌 구도의 시작점이었다. 무엇보다 서로의 기풍을 더욱 깊이 체감할 수 있었으며 그만큼 긴장감도 컸다. 지금 돌아봐도 그 결승은 우리 둘 모두에게 중요한 전환점이었다.

나와 구리의 첫 결승은 나의 0대 2 완패로 끝났다. 졌을 때는 솔직히 이런 생각이 들었다.

'지금은 내가 따라가야 하는 입장이구나.'

영원히 질 거라고는 생각하지 않았지만 당시엔 구리의 실력이 더 나아 보였다. 그의 바둑은 강했고 흐름을 장악하는 힘이 있었다.

그 시점을 계기로 본격적인 라이벌 구도가 만들어졌다. 이후 2014년까지 약 5년 동안 크고 작은 무대에서 우리는 자주 맞붙었다. 결승전만 해도 세 차례를 치렀고 각종 국제기전에서도 여러 번 대국했다. 그 과정에서 우리는 서로를 더 명확히 인식하게 되었다. 무엇보다 구리와는 스타일이 잘 맞았다. 지는 날도 있었지만 이기는 날도 있었고, 결과와 상관없이 바둑 내용 자체가 늘 흥미로웠다.

2011년 열린 두 번째 결승전, BC카드배의 결과는 나의 승리로 끝났지만 사실 대국 내용을 살펴보면 내가 졌다고 보는 게 맞을 것 같다. 하지만 구리는 담대했다. 그의 표정과 행동, 그리고 말을 종합해서 생각하건대 그는 이 결과를 받아들이고 있는 듯했다. 대국 내용상 인정하기 어려운 부분이 있음에도 나를 축하해주었다. 그릇의 크기를 짐작해볼 수 있었고 나는 구리의 존재를 인정하지 않을 수 없었다.

우리가 치른 세 번째 결승은 2012년 삼성화재배였다. 당시 나와 구리 둘 다 승리하면 세계 일인자라는 칭호를 얻을 수 있었다. 여기서 내가 승리하면서 분에 넘치는 일인자의 명예를 얻을 수 있었다. 하지만 이번에도 대국 내용상으로는 패했는데 전체적으로 우리 둘은 누가 위라고 얘기할 수 있는 상황이 아니었다. 이런 상황이었기에 '10번기' 대국이 성사되었다.

반상 위의 끝장 승부, 10번기

10번기는 오랜 역사와 상징성을 지닌 승부로, 우열을 가릴 수 없는 두 기사가 자존심을 걸고 열 번의 대국으로 맞붙는 진검 승부다. 나와 구리의 대국은 한·중 바둑의 자존심이 걸린 역사적 승부였고, 개인적으로도 긴장되는 순간이었다. 아마 구리도 마찬가지 아니었을까?

그만큼 의미가 큰 경기였기에 2014년에 열린 구리와의 10번기를 빼놓고는 나의 바둑 인생을 이야기하기 어렵다. 현대 바둑의 전설로 불리는 오청원 선생님 이후 반세기 만에 부활한 10번기. 그 이유나 명분은 중요하지 않았다. 단지 구리와 다시 마주 앉았다는 사실만으로도 그 대결은 충분한 의미를 지녔다.

'밀리Mlily 몽백합 10번기'는 구리 9단의 팬으로 알려진 중국 헝캉 가구 회사Hengkang Furniture 니장건 회장의 후원으로 이루어졌다. 그는 2012년 삼성화재배 결승에서 구리가 나에게 두 번 연속 반집 패를 당하며 준우승에 그친 모습을 보고 안타까워했다고 한다. 당시 중국 쪽 분위기는 구리가 더 강하다는 인식이 지배적이었다. 그래서 구리의 승리를 의심하지 않았고, 나는 물론 구리 또한 피하지 않았기에 자연스럽게 10번기가 성사될 수 있었다.

나와 구리가 같은 자리에서 처음 이 제안을 들었는데 약간 망설였다(나와 구리 모두 예상하지 못했고 패배를 가정하지 않을 수 없기에 그랬다). 대국을 앞두고 구리는 나에게 이런 말을 했다.

"이 승부가 너무 기대되면서도 간절하고 비장하다."

나 또한 그랬다. 우리는 간절하면서 비장한 승부를 기다려왔다.

10번기 승부에서 1국의 중요성은 굳이 말하지 않아도 충분할 듯싶다. 정신적으로 준비를 철저히 해서일까? 이날 나는 시간 안배가 좋았고 대국 내용도 꽤 만족스러웠다. 여세를 몰아 2국에서도 신승 초반 흐름을 주도했다. 하지만 역시 구리는 강인했다.

절체절명의 3국. 내가 2연승을 한 상황에서도 구리는 본인만의 바둑 세계를 보여주었다. 연패하는 와중에 자기 스타일을 고수하는 일이 얼마나 어려운지 생각하면, 구리의 정신력이 얼마나 강한지 알 수 있었다.

4국은 10번기 승부 중 유일하게 한국에서 펼쳐졌다. 나는 좋지 못한 내용을 보여주며 완패했고 승부는 다시 원점으로 돌아왔다. 4국은 신안에서 치러졌는데 대국 전 구리가 한 말이 인상 깊었다.

"승패를 알 수 없지만 네 고향에서 대국을 치를 수 있어 기쁘다. 바닷가의 경치도 좋고. 평소 너의 바둑이 파도가 치듯 변화무쌍한데 이래서인가?"

웃으며 건네는 구리의 말을 들으니, 그가 긴장하기보다 순수하게 이 대국을 즐기고 있음을 짐작할 수 있었다. 그의 담대함이 나를 흔들었고 그래서 4국을 내주었던 것 같다.

나와 구리가 2대 2 동점인 가운데, 5국이 시작되었다. 모두의 기대가 집중된 경기였는데, 대국 장소가 기묘했다. 해발 3,000m가 넘는 중국의 고산지대인 윈난성 샹거리라였다. 이벤트 대국도 잘 이루어지지 않는 장소다. 그런데 10번기, 그것도 2대 2 상황에서 승부의 분수령이 될 5국인데 굳이 이 장소를 선택해야 했을까? 장소는 미리 알고 있었지만 그곳이 고산지대라는 사실은 4국이 끝나고 나서야 알았다.

우리 둘 다 5국 대국 장소 변경을 제안했다. 그러나 대회 운영진은 이미 정해진 장소를 바꾸기 힘들고, 고산지대라는 특이점이 있지만 미리 알린 데다, 둘 모두 같은 상황이니 문제없지 않냐고 반문했다. 나와 구리는 쓴웃음을 지을 수밖에 없었다.

'장소는 알았지만 언제 고산지대라고 얘기했다는 건지.'

다음 대국을 기약하며 헤어졌지만 우리의 마음은 무거웠다. 5국 장소가 고산지대인 만큼 적응 기간이 필요하다고 느껴 7일 전 도착해 대국 준비에 온 힘을 기울였다. 구리도 5일 전에 도착해 5국을 준비했다.

한·중 바둑계 초미의 관심을 받고 있던 상황이니 서로 민감했다. 평소 대국을 하기 전에 나누는 환담도 의식적으로 피할 만큼 서로가 조심스러웠다. 개인적으로 5국에서 보여준 운영진의 행동은 단지 미숙하다는 표현으로는 부족했고 악의가 느껴질 정도였다. 이를 구리가 자신의 입장에서 얘기하기는 힘들 것이다. 자칫 핑계로 보일 수 있기 때문이다.

이런 일도 있었다. 보통 큰 대국을 앞둔 기사에게 행사나 만찬 등을 부탁하는 경우는 드문데, 이 당시 운영진은 구리를 자주 불러냈다. 무슨 억하심정이 있었는지 의심스러울 지경이었다. 특히 생소한 고산지대에서 벌이는 대국이니 선수가 평소보다 훨씬 민감한데 말이다.

5국 시작 전 구리의 표정은 어두웠고 나는 승패를 떠나 그가 자신만의 바둑을 두길 응원했다. 하지만 우려는 현실이 됐다. 나 또한 어수선한 분위기 탓에 내용이 좋지 않았지만 구리는 치명적 실수를 연발하며 너무나 허무하게 무너졌다. 지금 이 글을 읽고 있는 독자들은 상대방의 상황을 이토록 자세히 이야기하는 것이 조금은 의아할 수 있을 것이다. 하지만 대결 상대였던 나 역시 안타까울 정도로 억울하게 졌기에 이 책을 빌려 그의 심경을 대신 전해본다.

그리고 8국에서 내가 승리하며 10번기가 끝났다. 6대 2, 5국에서 무너진 구리가 회복하지 못하고 그대로 승부가 난 것이다. 6국에서 만난 구리는 자신이 부족해 5국에서

졌다고 했지만 승리한 나를 배려한 말임을 잘 알고 있다. 그는 10번기에서 졌지만 결코 패하지 않았다. 그는 상대방을 배려했고 존중했으며 억울한 상황에서조차 책임을 회피하지 않았다. 그의 마음이 그러한데 어찌 패했다 하겠는가. 나와 구리, 우리의 10번기는 이렇게 승자와 패자가 없는 수담°으로 기억되길 바란다.

바둑 인생의 한 챕터가 정리되다

10번기를 치르기 위한 세부 규정을 조율하면서, 나와 구리는 서로가 생각하는 바둑에 대한 철학과 관점을 자연스럽게 나눌 수 있었다. 평소에는 쉽게 꺼내기 어려운 이야기들이었지만, 10번기를 준비하는 과정에서 오히려 자연스럽게 대화가 오갔다. 많은 점이 비슷했는데, 다른 점이라면 나는 '승리를 통해 발전하는 게 바둑이다'라고 생각하는 반면, 구리는 '패배를 통해 발전한다'고 생각한다는 것 정도였다.

'10번기를 할 수 있다는 점은 바둑 인생에서 큰 축복'이

° '손으로 나누는 대화'라고 하여 바둑을 수담이라고도 한다.

라고 생각하는 것도 같았다. 우리의 수담이 많은 후배 기사에게 영감을 주길 바라는 마음도 같았는데, 통역을 통해 우리가 서로 같은 말을 했음을 알고 신기했던 기억이 있다.

  이 대화를 나누기 전에는 서로 바둑에 대한 세계관이 상당히 다를 것이라 생각했는데, 나이뿐만 아니라 바둑에 대한 관점이 많은 부분 같았고 다른 것은 국적뿐이었다. 이 글을 쓰며 10번기를 다시 돌아보니 구리가 얼마나 힘겨운 승부를 했는지 더욱 실감 난다. 라이벌 구리와의 대국은 영원한 추억으로 남을 것이다.

돌 하나에도 체면이 있다

다섯 살 무렵이었던 같다. 바닷가에서 놀고 있을 때 멀리서 내 이름을 부르는 소리가 들렸다.

"세돌아, 세돌아!"

둘째 누나였다.

"누나랑 바둑 두면서 놀까?"

"아, 싫어! 여기서 놀 거야."

어린 나는 형, 누나들 틈에서 바둑 두는 것을 어려워했다. 그래서 바둑을 두자며 나를 찾으러 온 누나에게 싫다며 심통을 부리곤 했다.

나는 전라남도 신안 비금도에서 태어나고 자랐다. 비금도는 작은 섬이었고, 또래 친구를 만나기 어려운 환경이었기에 자연스럽게 형과 누나들 틈에서 놀게 되었다. 우리 집은 온 가족이 바둑을 두었고, 아버지는 우리 남매뿐 아니라 섬의 다른 아이들까지 집으로 불러 바둑을 가르치셨다. 바둑은 우리 가족에게 놀이이자 교육이었다.

그중에서도 가장 어렸던 나는 처음엔 바둑이 낯설고 두려웠지만 형과 누나들을 이길 수 있는 유일한 놀이라는 점에서 점점 흥미를 느끼게 되었다. 막내였던 터라 평소에는 늘 양보해야 했지만 바둑판 앞에서는 누구와도 대등했고 오히려 형들을 이기기도 했다. 세 살 많은 동네 형을 꺾은 순간, 내 안에 '이길 수 있다'는 감각이 처음 자리 잡았고, 그것이 자존감을 키우는 계기가 되었다. 그렇게 나는 조금씩 바둑에 빠져들었다.

재미를 붙이고 바둑의 세계에 빠져들다

아버지는 바둑을 가르칠 때 결코 서두르지 않으셨다. 단숨에 알려주기보다는 내가 스스로 재미를 붙이고 길을 찾아갈 수 있도록 옆에서 묵묵히 지켜봐주셨다. 틀렸다고 꾸짖기보다 "왜 그렇게 뒀어?"라고 물었고, 정답을 강요하기보다 생각을 이어가게 도와주셨다. 대체로 자율에 맡기셨다. 그래서일까. 억지로 배우는 느낌이 아니라 내가 원해서 두는 바둑이 되었다. 놀거리가 부족한 섬에서 언제나 편하게 놀 수 있는 친구의 존재는 나에게 너무나 소중했다.

처음엔 그저 돌을 따내는 게 재미있었다. 단수°로 상대 돌을 잡을 때면 가슴이 뛰었고, 돌이 사라지는 순간의 짜릿함에 나도 모르게 웃음이 났다. 그렇게 바둑의 재미를 알아가기 시작했다. 즐거움이 깊어질수록 바둑판 구조도 다르게 보였다. 둘러싸인 돌은 굳이 따내지 않아도 된다는 것, '두 집'°° 개념, 무리한 공격보다 흐름을 읽는 감각까지, 복잡한 설명 없이도 몸으로 먼저 익혔다.

때로는 "왜 여기 두면 안 돼?"라며 억지를 부리기도 했다. 그럴 때면 가족들은 조용히 웃으며 기다려주곤 했다.

아버지는 바둑을 단순한 게임이 아니라 예술로 보셨다. 돌 하나에도 체면이 있고, 그 수엔 책임이 따른다고 말씀하셨다. 어린 마음에도 그 말이 무엇을 의미하는지 어렴풋이 알아들었다. 그 덕분에 이기는 수보다 내 손끝을 거쳐 간

° 한 수만 더 두면 상대의 돌을 따내게 되는 상태.
°° 서로 연결된 두 공간이 하나의 집처럼 작용해 돌이 잡히지 않는 형태를 말한다. 이 구조가 갖춰지면 상대가 아무리 공간을 메워도 돌은 안전하다.

'최선의 수'를 두고 싶다는 마음이 깊이 자리 잡았다. 그래서 결과보다 과정을 중시했고, 이겼는가보다 어떻게 두었는가에 가치를 두었다.

<u>무리를 감수하더라도 흐름이 자연스럽고 아름다운 수를 선택하고 싶었다.</u> 항상 그런 것은 아니지만 가급적 그런 태도를 유지하려 노력해왔다. 실수가 있더라도 흐름을 지키는 쪽을 택했고, 때로는 약간의 손해를 감수하면서도 '이렇게 둬야 그림이 이어진다'는 마음으로 수를 놓았다. 냉정한 승부도 중요하지만, 나에게는 나만의 세계가 있었고 한 판의 대국 결과보다 장기적으로 내 세계가 발전하길 기대했다.

어릴 땐 지금 생각해도 무모할 만큼 과감한 수를 자주 두기도 했다. 형세가 유리해도 내 스타일이 아니라고 느껴지면 그 수는 피하고 싶었다. "왜 그렇게 뒀어?"라는 말을 들을지언정 나만의 흐름을 놓치고 싶지 않았던 것이다. 시간이 지나면서 그 마음이 흔들릴 때도 있었지만 중심은 크게 달라지지 않았다. 결국 내 바둑은 내 선택으로 완성돼야 한다는 것은 지금도 여전히 변하지 않는 나만의 기준이다.

바둑과 인생에서 중요한 건
지금 이 순간 내가 생각하는
나만의 수를 찾는 일이다.

그 선택으로 비록
좋지 않은 결과가 오더라도
자신만의 인생을
살아가는 묘수가 될 수 있다.

가장 나다운 선택이 가장 최선의 수다

바둑을 두면서 집 수효와 세력, 좋고 나쁜 사정 등을 상대방과 비교해 판단하고 앞으로의 태도를 결정짓는 일을 형세 판단이라고 한다. 매우 중요한 기술이긴 하지만 절대적인 기준은 아니다. 한 수 앞을 보기 힘든 상황에서 좋다고 판단해도 언제든 흐름이 바뀔 수 있다. 자신에게 유리한 흐름이 끝까지 이어질 거란 보장은 없기 때문이다. 오히려 승부가 유리하다고 느끼는 순간, 더 나은 수를 놓치는 경우도 있다.

아무리 형세가 좋아도 마음이 움츠러들면 그 흐름을 끝까지 지켜내기가 어렵다. 그래서 '최선의 수'란 단순한 기술보다 태도에서 비롯된다고 생각하게 되었다. 흐름을 놓치지 않는 감각이 결국 중요한 순간을 가른다.

바둑의 기초를 다지는 데는 아버지의 가르침이 큰 역할을 했다. 그래서 바둑을 단순한 승부가 아니라 두 사람이 함께 완성해가는 예술이라 여겼다. 바둑 한 판에는 창의성과 감정이 담겨야 하고, 돌 하나에도 의미와 책임이 실려야 한다고 믿어온 것이다.

하지만 알파고가 등장한 이후 바둑의 판도는 근본적으

로 바뀌었다. 승률과 계산을 우선시하는 인공지능은 '최선의 수'가 아닌 '승률이 높은 수'를 둔다. 효율이 중요해졌고 흐름보다 결과를 먼저 생각하게 된 것인데 문제는 사람의 바둑은 그것을 따라가지 못한다는 점이다. 물론 인공지능의 바둑을 따라 하면서 인간의 바둑도 더욱 정교해졌지만, 그것이 인간의 능력에 따른 것이라고 할 수 없다. 이제 프로 기사에게 바둑판 위에서 자신만의 세계는 더 이상 중요한 부분이 아니다(아마추어 입장이라면 또 다를 것이다). 내가 생각하던 바둑의 예술은 이제 사라졌다.

나 역시 매번 최선의 수를 두지는 못했다. 알파고와 치른 4국에서 내가 둔 78수가 대표적이다. 그 수는 '신의 한 수'로 불리며 극찬받았지만 사실은 알파고의 약점을 찌른, 말 그대로 버그를 유도한 수였다. 승률을 끌어올리기 위한 전략적 수였을 뿐 최선의 수라 할 수 없다. 그것이 바둑의 본질과 닿아 있었는지는 지금도 잘 모르겠다.

바둑을 둘 때 가장 아쉬운 순간은 승부에 집착해 내가 두어야 할 수를 두지 못했을 때다. 내가 두고 싶은 수, 내가 납득할 수 있는 수를 두는 것. 결국 그게 내 바둑을 만드는 방식이었다.

바둑과 인생에서 중요한 건 어쩌면 지금 이 순간 내가 생각하는 나만의 수를 찾는 일이 아닐까 싶다. 그 선택으로 비록 좋지 않은 결과가 오더라도 자신만의 인생을 살아가는 묘수가 될 수 있다. 우리는 종종 남들이 다 하는 '통상적 선택'에 끌리지만 결국 오래 남는 건 '나다운 선택'이다. 자주 갔거나 눈에 보이는 길보다 지금 내 마음이 닿는 길을 따라간 적이 있다면, 이미 나만의 길을 찾은 것이다.

승부수,
자신의 모든 것을 던지는 일

우리가 자주 쓰는 '승부수'라는 말은 바둑에서 나온 용어다. 승패를 좌우하는 상황에 결단을 내려 두는 수를 뜻하는데, 바둑에서 승부수는 단순히 '한 수'를 두는 것 이상의 의미를 지닌다. 자신의 생각과 의지를 담아 상대에게 보내는 최후의 결투장이기 때문이다. 넓은 관점에서 보면 한 판의 바둑을 넘어 자신의 바둑 인생 전체를 보여주는 것. 그것이 바로 승부수다.

실제 대국에서 상대가 승부수를 던지면 바둑에 대한 그의 생각이 고스란히 느껴진다. 이는 그 사람의 인생을 느끼는 것과 진배없다. 상대가 모든 것을 던졌으니 나 또한 그에 맞게 임하는 게 합당하다. 두 기사가 모든 것을 보여주며 마

한 판의 바둑을 넘어
자신의 바둑 인생 전체를
보여주는 것이 바로 승부수다.

무리되는 것이 이상적인 바둑이다. 그러니 승부수가 존재하지 않는 바둑은 의미가 퇴색될 수밖에 없다. 그저 승패만 있을 뿐, 진정한 바둑은 존재하지 않는 셈이다.

아마추어도 한 수에 의미를 담아 승부수를 둔다. 하지만 어디까지나 기술적으로 두는 것으로, 정신적인 영역에서 자신의 정체성을 모두 담기에는 힘들 수밖에 없다. 바둑의 세계에서 한 수에 자신의 모든 것을 담는 행위가 가장 어렵기 때문이다.

바둑은 '승리의 기쁨', '패배의 아픔'과 같이 단순하게 승패를 나누는 전략 게임이 아니라 '추상 전략 게임'이다. 추상을 바탕으로 전략적 사고를 해야 하고, 정신적인 부분에서 과거, 현재, 미래를 표현하며 상대방과 협력적으로 그림을 만들어나가야 한다. 프로 기사라면 이러한 추상적인 부분을 이해하며 진행하는데, 이것은 프로라 가능한 일이다.

그렇기에 바둑은 상대방과 정신적 교류를 하는 고차원적이고 추상적인 부분을 다루는, 인류가 만들어낸 가장 지적이고 아름다운 예술 중 하나라 할 수 있다.

인생에 승부수를 던질 용기

인생에서 우리는 종종 '승부수를 둔다'는 표현을 쓴다. 하지만 정작 프로들은 '승부수'라는 단어를 쉽게 입에 올리지 않는다. 그만큼 그 말에 담긴 무게를 알고 있기 때문이다. 승부수란 단순한 모험이 아니라, 자신이 가진 모든 것을 걸고 판을 뒤흔드는 행위다. 어지간한 각오와 확신 없이는 감히 시도할 수 없다.

그렇다고 해서 늘 안전한 수만 두는 것이 능사는 아니다. 대국에서 승부수가 있어야 흐름이 바뀌고, 의미가 살아나듯 인생에서도 언젠가는 단 한 번, 제대로 된 승부수를 던져야 할 때가 온다. 오랜 시간 갈고닦은 실력과 통찰, 그리고 지금 아니면 안 된다는 직감이 맞물릴 때 그 순간을 피하지 않고 맞서는 용기야말로 인생의 판을 바꾸는 힘이 된다.

승부수는 위험하지만 동시에 기회를 만들어내는 힘이다. 때로는 모든 것을 걸고서라도 새 길을 열어야만 할 때가 있다. 중요한 건 그 타이밍을 놓치지 않는 것이다.

직장에서든, 꿈을 좇는 일에서든 안전한 길만 고집하다 보면 어느새 기회는 스쳐 지나가고 뒤돌아보면 '그때 승부수를 던졌어야 했는데' 하는 아쉬움이 남기 마련이다. 막상 결단을 내리려면 '이건 무리일지도 몰라', '실패하면 어쩌지'라는 두려움이 밀려올 수도 있다. 하지만 얻고자 하는 게 있으면 잃을 각오로 뛰어들어야 한다.

바둑에서도 머릿속 생각만으로는, 마음속 결심만으로는 아무것도 바뀌지 않는다. 우리 삶을 바꾸는 건 선택과 행동이니까. 결국 다음 국면으로 나아가는 사람은 적절한 때 승부수를 던질 줄 아는 사람이다. 나 역시 인생의 승부수를 던질 그 순간을 기다리며 늘 노력하고 있다.

언제든 반격할 준비를 할 것

만약 바둑판에서 상황이 좋지 않거나 상대방에게 흐름을 내주었을 때 승부수를 두지 않으면 그저 참고 견디는 일만 남는다.

어쩔 수 없이 견디는 방법밖에 없다면 '언제든 반격할 수 있다'는 것을 상대방에게 계속 인지시켜야 한다. 그래야만 긴장감을 유지할 수 있고 빈틈을 노려 흐름을 반전시킬 수 있다. 어떠한 전략도 없이 참는다는 건 대국을 한다기보다 그저 바둑돌을 두는 행위에 불과하다.

사람과의 관계에서도 마찬가지다. 직장이든 학교든 사

회생활을 한다면 상대에게 언제든 카운터를 날릴 수 있다는 사실을 인지시켜야만 자신을 보호할 수 있다(실제로 날리지는 않더라도 말이다). 이는 사람들에게 자기 자신의 존재감을 보여주고 각인시키는 행위이기도 하다. 다만 합리적인 상황에서 효율적으로 반격할 수 있는 능력을 갖추어야 한다. 어떤 준비도 없이 그저 참고 견디는 것은 비효율적인 행동일 수 있다.

시간 공격, 상대의 시간은 곧 나의 시간

　의도적으로 상대가 시간에 쫓기도록 상황을 만들거나 초읽기°에 몰린 상대에게 복잡한 판단이 필요한 수를 연속으로 던져 상대방의 사고력을 마비시키는 것이 '시간 공격'이다. 바둑에서 시간 공격은 상당히 고급 스킬로 꼽힌다.

　여기서 핵심은 상대보다 무조건 빠르게 두어야 공격이 유효하다는 것이다. 상대를 시간에 쫓기게 해야 하는데 자신의 시간을 충분히 쓴다면 공격이 될 리 없다. 그래서 공격하는 입장에서도 큰 리스크를 감수해야 한다. 어쩌면 무모하

° 바둑에서 차례가 된 기사가 제한 시간을 다 쓴 이후부터 계시원이 시간이 흐르는 것을 초 단위로 일러주는 일.

고 이치에 맞지 않는 이 공격은 심리적 우위를 점하기 위한 기술이기도 하다. 시간이 부족한 사람은 상대가 언제든 여유 시간을 쓸 수 있다고 느끼는 순간, 심리적으로 흔들릴 수 있기 때문이다.

때에 따라서는 심리적인 부분을 넘어선 물리적 시간 공격도 있다. 상대가 초읽기에 들어갔을 때 자신에게 남은 시간을 이용해 앞으로 두어나갈 수를 미리 읽고, 나머지는 노타임°으로 상대를 압박하는 것이다. 성공 확률이 그리 높지 않은 최후의 승부수로, 아무래도 판이 불리할 때 많이 사용한다. 하지만 초일류 기사들은 실력이 비슷하거나 '기분 좋은 바둑(프로 기사들이 자주 쓰는 표현으로, 자신에게 유리하거나 자신이 선호하는 흐름으로 판이 짜인 상황 등을 포괄적으로 뜻한다)'에서 가끔씩 사용할 때가 있다. 형세가 유리하고 나만의 스타일대로 바둑이 풀리면 자신감이 생기기 때문인데 한 판을 생각해서 둔다기보다 앞으로 상대와 둘 바둑도 생각해서 압도적인 느낌을 주기 위해서다.

° 바둑에서 어떤 수를 둘 때 시간을 끌거나 소비하지 않는 일.

시간을 어떻게 지배할 것인가

'시간을 지배하라.'

이 말이 유치해 보일지 모르지만 바둑이든 인생이든 같은 시간을 어떻게 사용하고 이해하는지에 따라 효율 면에서 크게 차이가 날 수 있다. 바둑에서 상대의 시간은 곧 나의 시간이고 나의 시간은 곧 상대의 시간이다. 그래서 시간 공격을 할 때도 상대의 시간을 빼앗기 위해선 내 시간도 빼앗길 수밖에 없는 만큼 위험을 감수해야 한다. 이를 이해하고 두는 바둑과 그저 흐름에 따라 두는 바둑은 분명한 차이가 있다. 정해진 규칙이 없는 인생에서 상대적 시간을 생각하며 행동하기 어렵겠지만 한 번쯤 고민해볼 필요는 있을 것이다.

이처럼 상대적 시간도 중요하지만 인생에서 절대적 시간, 즉 혼자만의 시간은 더욱 중요하다. 태어나는 순간부터 우리를 향한 인생의 시간 공격은 계속된다. 벗어날 수 없겠지만 조금이나마 유예할 수는 있다. 건강을 유지해 절대적 시간을 늘릴 수도 있다. 하지만 무엇보다도 내게 주어진 시간을 어떻게 활용할 것인지가 더 중요하다고 생각한다.

청소년이 공부하는 상황을 예로 들어보자. 우선 자신의 집중력이 어느 정도인지 알아야 한다. 무작정 앉아서 시간을 쓰는 것은 비효율적일 확률이 높다. 자신을 알아야 효율이 가장 높은 공부 방법을 찾을 수 있다. 집중력이 무한하지 않기 때문이다. 유한한 집중력을 어떻게 분배할 것인가가 공부의 핵심이다.

열 시간 공부해서 얻을 수 있는 효과를 다섯 시간 공부해서 얻을 수 있게 하는 게 집중력 분배다. 원리를 깨우쳐야 하거나 난도가 높은 내용을 공부할 때는 집중력을 최대로 사용하고, 상대적으로 쉬운 내용을 공부할 때는 집중력을 조금 낮추는 게 효율적이다.

나에게는 바둑을 공부하거나 대국을 할 때 모두 이 공식이 유효했다. 혼자서 바둑을 공부할 때는 집중력을 분배해 시간을 최대한 효율적으로 활용하고, 상대와 바둑을 둘 때는 상대적 시간을 이용해 심리적으로 압박하는 도구로 활용했다. 이처럼 누구에게나 똑같이 주어지는 시간을 어떻게 지배할 것인가가 인생이라는 거대한 게임에서 우위를 점하는 열쇠가 될 것이다.

상대의 시간을 빼앗기 위해선
내 시간도 빼앗길
위험을 감수해야 한다.

누구에게나 똑같이 주어지는
시간을 어떻게
지배할 것인가가 인생이라는
거대한 게임에서 우위를
점하는 열쇠가 될 것이다.

집중력에는 한계가 있다

모든 일에 집중력을 최대치로 유지할 수 없기에 집중력을 적절히 분배하는 능력이 필요하다. 집중력에는 여러 요소가 작용하지만 기본적으로 체력에서 비롯된다고 생각한다. 그리고 체력만큼은 아니지만 정신적인 요인 역시 일정 부분 영향을 미친다.

나는 정신적인 부분과 심리적인 부분을 구분하는 편이다(보통 이 두 가지를 혼용해 사용하는 경우도 흔한 듯하다). 내가 컨트롤할 수 있느냐 없느냐를 기준으로 구분한다. 컨트롤이 가능한 것은 정신적인 부분이고 특수한 외부 환경에서 비롯되어 컨트롤이 불가능한 것은 심리적 부분이라고 생각한다.

심리적인 부분이 흔들린다면 이겨내는 게 어렵겠지만 특수한 환경을 인정하고 최선을 다하는 게 유일한 방법일 것이다. 누구나 공평한 환경을 갖는 것은 불가능하다. 게다가 불리한 환경을 이겨내고 승리하거나 성공하는 게 더욱 가치 있지 않을까?

이처럼 환경적인 요소를 이야기하는 이유는 사람이 스스로 집중하는 데 한계가 존재한다고 생각하기 때문이다.

불합리한 상황에서도 자신에게 맞는 무언가를 찾고 시간을 유예할 수 있는 유연함이 필요한 부분이기도 하다.

불리한 환경에서도 유연하고 창의적인 태도로 자신만의 무언가를 찾아가는 사람만이 성장한다는 생각이 든다. 결국 자신에게 주어진 시간을 효율적으로 사용하려면 정신적인 영역을 잘 다스리고, 불리한 환경 속에서도 자신만의 해답을 찾아가는 태도가 필요할 것이다.

그저
바둑 한 판 두는 것일 뿐

사람들은 종종 이렇게 묻곤 한다.

"그렇게 큰 경기에서 어떻게 하나도 긴장하지 않으세요? 어쩜 그렇게 거침없이 두시죠?"

그럴 때마다 나는 웃으며 대답한다.

"원래 외부의 영향을 잘 받지 않는 편입니다."

말은 이렇게 하지만 사실 처음부터 그랬던 건 아니다. 나도 데뷔 초반에는 대국을 벌일 때 사소한 자극에도 쉽게 흔들리곤 했다. 하지만 시간이 지나고 생각이 쌓일수록 내가 제어할 수 없는 외부 상황에 일일이 신경 쓰고 반응하면 결국 손해를 보는 것은 나라는 사실을 알게 되었다. 그래서 가급적 외부 자극에 영향받지 않으려고 노력했다. 루틴이나 징크스가 없는 것도 내가 제어할 수 없는 것에 의존하지 않으려는 노력의 일환이었다.

인생은 바둑보다 크고 무겁다

인생을 바둑에 비유하곤 한다. 인류가 만든 유일한 추상 전략 게임이라 그럴 것이다. 하지만 인생을 바둑에 비유하는 것은 다소 무리다. 가장 큰 차이는 '무게감'이다.

바둑에서의 패배는 그저 한 판의 기록일 뿐, 오늘 졌어도 내일 이기면 된다. 아쉬움이 남으면 다음 대국에서 만회할 수 있다. 하지만 인생은 그렇게 간단하지 않다. 한 번의 선택이 되돌릴 수 없는 결과를 낳기도 한다. 무너진 관계, 깨진 신뢰, 잘못 걸은 길. 그런 건 몇 판을 이긴다고 회복되는 게 아니기 때문이다.

그런 의미에서 인생을 바둑에 비유하는 것은 적절하지 않을지도 모른다. 하지만 바둑을 배우고 즐기면서 인생의 난관을 극복하고 문제를 해결하기 위한 교훈을 얻을 수 있다고 생각한다. 수읽기, 형세 판단, 승부수, 심리전 등 내가 바둑판 위에서 사용했던 전략은 인생에 필요한 전략과도 무관하지 않았다. 삶이란 여전히 어려운 숙제이긴 하지만 말이다.

무엇보다 바둑의 매력은, 누구 탓도 할 수 없는 게임이라는 점이다. 누가 돌을 거기 두라고 시킨 것도 아니다. 결국 한 수 한 수는 전부 돌을 둔 나에게서 비롯된다. 그래서 영광도 실패의 아쉬움도 책임도 모두 내 몫이다.

또 바둑에서 좋은 수를 두기 위해 필요한 건 실력보다 태도다. 상대를 얕보지 않고 흐름을 놓치지 않으려 애쓰는 태도. 자신의 실수를 인정하고 복기하는 자세. 그런 것이 쌓여 바둑 실력이 늘고 자신만의 생각이 조금씩 깊어진다.

그저 바둑 한 판 두는 것뿐이다

중요한 선택의 순간에는 늘 긴장이 따른다. '여기에 둘까, 저기에 둘까' 머릿속이 복잡해지고 마음도 쉽게 요동친다. 그런데 어느 순간부터 그런 감정이 그리 싫지만은 않았다. 두려움만 있는 게 아니라 설렘도 함께 있다는 걸 느꼈기 때문이다.

'이 선택은 내가 하는 거구나.'

그렇게 생각하는 순간, 책임감과 동시에 묘한 기쁨이 찾아왔다. 그래서 중요한 결정을 앞둔 긴장된 시간을 좋아하

바둑은 누구 탓을
할 수 없는 게임이다.
한 수 한 수는 전부
돌을 둔 나에게서 비롯된다.

게 되었다. <u>바둑에서 한 번 졌다고 인생에 큰 문제가 생기는 것도 아니지 않은가. 그저 바둑 한 판 두는 것일 뿐이다.</u>

물론 그 한 판이 중요하지 않다는 뜻은 아니다. 나는 누구보다 몰입해서 경기를 하고, 한 판 한 판 소중하지 않은 대국이 없다. 다만 압박감에 사로잡히지는 않는다. 상황에 압도당하지 않고 내가 상황을 이끌겠다는 주도적인 생각을 한다는 얘기다.

인생에서도 이런 태도를 유지하려고 노력한다. 앞서 말했듯 인생 전체는 바둑보다 훨씬 크고 무겁다. 누구라도 돌이킬 수 없는 선택 앞에서 망설이지 않을 수 없다. 그렇다 해도 매번 질식할 듯한 무게를 안고 살아갈 수만은 없는 노릇이다.

그래서 이렇게 생각해보려 한다. 중요한 건 결과지만 그 수를 두는 나의 생각과 태도가 모든 것을 결정한다. 내가 정말 최선을 다해 둔 수라면 좋은 결과로 이어진다고 생각하며 살아가려 한다. 다양한 선택지 앞에서 고민이 될 때, 삶이 너무 큰 무게로 다가올 때 이렇게 속삭여보자.

"그저 바둑 한 판 두는 것뿐이야"라고.

Sedol's Comment	
	인생에도
	미생과 완생이 있다

바둑의 세계에는 '미생'과 '완생'이라는 개념이 있다. 완생은 두 집을 확보해 더는 죽지 않는 안정된 상태를 뜻한다. 반면 미생은 아직 살아 있지 않아 위험한 상태다. 하지만 완전하지 않기에, 완전함보다 더 큰 발전 가능성을 내포하고 있다. 완생은 안전하지만 리턴이 작고, 미생은 불완전하지만 더 큰 가능성을 품고 있다.

나는 살아오면서 줄곧 미생의 전략에 끌렸다. 위험하지만 판을 흔들고 새로운 국면을 열 수 있는 잠재력이 그만큼 크기 때문이다. 인생에서 완생과 미생을 완벽히 나누어 이야기하기는 어렵지만, 대부분의 사람들은 완생, 즉 안정된 상태를 지향하며 살아가는 듯하다. 그러나 그 안정이라는 것도 상대적이며 추상적일 수밖에 없다.

바둑에서도 그렇다. 많은 프로 기사가 말하듯, 최정상급으로 올라서기 위해서는 자신만의 세계를 '완성'해야 한다. 하지만 여기엔 조심해야 할 점이 있다. 완성이란 개념은 그 상태로 고정된다는 의미도 있기 때문이다.

반면 무한한 세계에서는 편차가 크다. 어떤 날은 놀라운 능력을 발휘하다가도, 다른 날은 어이없이 무너진다. 하찮은 인간의 능력을 감안하면 당연한 일이다. 그러나 자신의 바둑을 완성했다고 여기는 순간부터는 이야기가 달라진다. 편차가 줄고, 자신의 스타일로 상대를 압도할 수도 있다. 자신의 세계를 반복하며 두면 된다. 그러면 아무 문제도 없는 듯 보인다. 단, 이렇게 되면 더 이상의 발전은 포기하게 된다.

우리는 종종 그런 사람들을 위대하다고 말하고 동경한다. 과연 그들이 정말 위대한 것일까? 어쩌면 그들은 무한함을 포기한 영락한 자들인지도 모른다. 그럼에도 우리는 무한의 세계를 유영하는 이들에게까지 영향력을 행사하려 한다.

"그만 헤매고 완성된 사람이 되어야 해."

그렇게 유한한 틀로 끌어들이려 한다.

하지만 나는 믿는다. 우리는 미생의 삶을 추구해야 한다고. 미생의 삶은 불확실하지만 확장이 가능하다. 새로운 기회를 탐색하고 실패 위험을 감수하는 길이 때로는 더 큰 가능성을 만든다. 무한함 속에서 흔들리고 편차가 생기더라도, 그 안에는 진짜 성장과 창조의 씨앗이 숨어 있다.

10대 시절의 바둑을 떠올려본다. 부족하지만 창의적인 수가 튀어나오고, 어쩌면 가장 고정관념에서 자유로울 수 있는 시기. 때 묻지 않은 바둑의 순수성이 살아 있는 이 시절은 원론적인 바둑에 가장 근접한 시기다. 완성된 세계가 아니라, 무한한 상상력과 부족함 속에서 한 걸음씩 전진하는 아름다운 상태다.

나만의 이야기가 아니라 전체적으로 그렇다. 나만의 바둑을 만든다는 건 아무리 넓은 그릇이라 해도 결국은 그 안에 갇히는 것이다. 원론적으로는 맞지 않다. 물론 인간의 한계를 생각하면 자신만의 세계를 만드는 것이 현실적인 길이겠지만, 10대의 바둑은 부족하기에 오히려 무한하다.

이것은 바둑에만 해당하는 이야기가 아니다. 무한한 존

재는 왜 영락하는가? 결국 우리는 한계에 부딪히고, 성인으로서 수긍하며 살아가야 하는 차가운 현실과 마주한다. 시대적, 환경적 요인으로 지금의 10대는 아마 훨씬 일찍 그 현실을 느끼고 있을지도 모른다.

어른으로서 걱정이 앞선다. 우리는 그들이 영락하는 시기를 조금이라도 늦추는 역할을 맡고 있지만, 나는 과연 그렇게 살아가고 있는가? 돌아보면 부끄럽기 그지없다. 나만의 문제가 아니라 우리 모두의 문제인 만큼 함께 고민하고 고쳐나가야 한다.

인간은 결국 유한한 삶을 살아갈 수밖에 없다. 하지만 그 전까지는 되도록 오래, 되도록 깊이 무한의 세계를 유영해야 한다. 그리고 그런 이들을 바라볼 때는 간섭하지 말자. 도와주고 싶다면 최소한의 간섭으로, 그들이 스스로의 길을 가도록 지켜봐주는 것. 그게 우리가 할 수 있는 유일한 일이다. 인정하기 싫지만 가장 진실한 도움이다.

2016년, 알파고와의 대국.
아직은 인간이 우위에 있다고 믿었다.

기자회견장 분위기는 내 예상을 빗나갔다.
알파고 측은 이미 승자였고 나는 패자였다.
그들에게서 긴장감조차 느껴지지 않았다.
처음으로 위기감이 들었다.

1국의 패배는 그야말로 충격이었다.
2국, 3국에서도 알파고는 완벽했다.
복기를 할수록 절망감이 깊어졌다.
이미 인간을 넘어선 실력이었다.

4국, 버그가 나타날 가능성이 높은
방향으로 유도했다.
기회가 찾아왔고 나는 백 78수를 두었다.

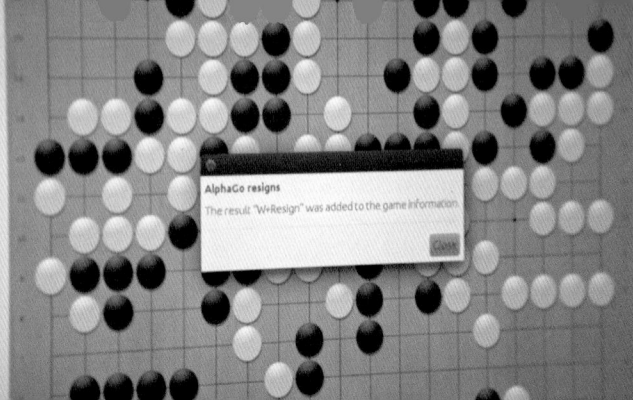

최종 결과는 1승 4패.
알파고와의 대결은
바둑의 본질을 뒤흔드는 사건이었다.
25년 프로 기사로 살아온 나로서는 너무 힘든 현실이었다.

이제 나는, 그리고 바둑계는 묻지 않을 수 없었다.
'바둑을 향한 우리의 수십 년간의
열정과 훈련은 이제 무력해진 것인가?'

Special Essay

알파고와의
대국을 회고하며

2016년 3월, 구글의 인공지능 알파고와 벌인 대결은 1대 4, 알파고의 최종 승리로 막을 내렸다. 그리고 이 책에서, 대국 직후 내가 기록해두었던 자세한 내막과 심경을 처음으로 공개한다.

1

 찜찜하게 져버린 시합의 여운을 떨쳐내지 못하고 귀국한 어젯밤, 후배에게 전화가 왔다. 사적으로 거의 연락한 적이 없는 후배가 긴히 할 말이 있다며 조심스레 만남을 요청했다. 만나자는 연락 자체가 이상할 일은 아니지만 중요한 시합을 패했을 때 상태에 대해 모를 리 없을 텐데 다소 의아했다. 일반적인 대화 주제는 아님을 예감하고 약속 장소로 향했다.

 "무슨 일이길래 전화로는 힘들다는 거야?"

 "제가 설명하는 것보다는 이걸 보신 다음에 얘기하는 게 좋을 것 같아요."

 먼저 와서 기다리고 있던 후배에게 웃으며 질문을 건넸는데 대뜸 종이 다발을 내민다. 다섯 판의 시합과 그에 대한 조건이 제시되어 있는 문서다. 그런데 이 문서, 일반적이지가 않다. 한·중·일이 아님이 분명했다.

 "이걸 제안한 게 어디야?"

 "그걸 설명드리려면 여기에 서명이 필요해요."

 그녀가 내민 종이는 비밀 유지 동의서였다. 이건 또 무슨 소리인가 싶었지만 이미 흥미가 동한 나는 다음 내용을 들지 않을 수가 없었을뿐더러 동네방네 소문내달라는 것에 비하면 훨씬 쉬운 일이 아닌가. 속전속결로 서명을 끝낸 나에게 그녀가 기다렸다는 듯이 다음 종이를 내밀었다.

'구글?'

"구글에서 만든 인공지능 프로그램과 하는 시합이에요. 유럽에서 활동하는 프로 기사와 테스트 대국을 두 판 치렀는데 모두 인공지능이 승리했어요. 그게 이미 석 달 전 일이에요."

'호오. 재밌네.'

떨쳐내지 못하고 있던 찜찜한 패배의 기운이 한순간 달아나는 기분이었다. 상당히 흥미로운 제안이었다. 프로 기사가 두 판이나 연이어 패했다고 하지만 신경 쓰이진 않았다. 유럽에서 바둑 보급에 포커스를 둔 기사는 성적은 뒷전인 경우가 많다.

"난 좋아. 재밌을 것 같아."

"그럼 사범님께서 동의하신 걸로 의견을 전달할까요?"

알파고를 처음 인지한 순간이었다.

2

 공식적인 기사가 뜨기 전, 캐나다에 있는 아내에게 이 소식을 먼저 알렸다.

 "체스는 컴퓨터가 이미 인간을 뛰어넘었다고 들었는데 바둑도 이제 그렇게 되는 거야?"

 "뭐, 언젠가는 가능하겠지만 아직은 힘들어."

 생소한 시합 방식에 의아함과 불안감을 보이는 아내에게 전혀 걱정할 것 없다는 식으로 이야기를 했다. 그때까지만 해도 난 나의 승리를 전혀 의심하지 않고 있었다. 마침 봄방학이라 한국에 들어오는 딸과 시합 후 함께 보낼 시간에 대한 이야기가 주를 이뤘다.

 '알파고'라는 명칭이 쓰인 정식 계약서를 쓰고 얼마 지나지 않아 구글에서 알파고 《네이처》 논문과 함께 나와의 대국을 발표했다. 흥미로운 내용에 여기저기서 연락이 왔고 저마다 승률을 예측했다. 대부분 나의 승리를 의심치 않았다. 언론에 알려진 이후 누군가 전해준 알파고의 기보는 나를 실망시키지 않았고 사람들의 뜨거운 관심은 나의 기분을 들뜨게 했다.

 "형, 기보 봤어요?"

"응, 아주 마음에 들어. 아직은 어려 보이던데."

그때까지 알려진 바둑 프로그램과는 차별점이 느껴졌지만 아직은 발전이 필요해 보였다. 여러 인터뷰에서 나는 자신감을 피력했고 바둑계에서는 나의 승리를 기정사실화했다. 그렇지만 일각에서는 나의 패배를 단언하기도 했다.

직접적으로 나에게 설명을 해준 전문가도 있었는데, 그에 따르면 처음 개발 단계는 힘들지만 어느 정도 궤도에 진입한 프로그램은 그 발전 속도가 상상을 뛰어넘는다고 했다. 이미 5개월이 지나버린 기보는 사실상 의미가 없으며 이미 인간이 이기긴 힘든 수준에 도달해 있을 것이므로 좀 더 철저한 준비가 필요하다는 것이 그의 의견이었다.

그럼에도 '아직 컴퓨터는 바둑을 이길 수 없어'라는 고정 관념이 나를 지배하고 있었다. 바둑 지식이 전무한 인공지능 전문가와 인공지능 지식이 전무한 바둑 전문가의 대화는 그렇게 의미 없이 마무리되었다. 바둑 지식이 전무한 인공지능 전문가의 조언을 인공지능 지식이 전무한 바둑 전문가는 좀 더 깊게 새겨들을 필요가 있었다. 이 무분별한 행복 회로는 나의 미래를 한층 어둡게 만들고 있었다.

이렇다 할 준비도 없이 시간은 흘렀다. 커제에게 또 다른 중요한 시합들을 연달아 패했지만 그 와중에 나는 결혼 10주년을 기념하기 위해 선물을 사기에 여념이 없었다. 연이은 패배에 내상을 입을 법도 하고 원래 준비성이 없기로 유명한 나지만 그럼에도 이것은 극히 이례적인 행동이었다. 곧 있을 알파고와의 5국 중 3국에서 3승으로 승리를 확정 짓고 결혼 10주년을 기념할 생각에만 빠져 있었다. 무분별한 행복 회로가 나의 이상행동을 초래하고 있었다. 결혼기념일을 챙기다니.

지금 생각해보면 알파고와의 대국이 나의 컨디션 조절에 상당히 긍정적으로 작용한 면도 없지 않았다. 그 당시 나는 나의 패배에 대해서는 전혀 염두에 두지 않았고 오히려 이 시합을 통해서 충분히 컨디션을 회복할 것이라 의심하지 않았다. 실력으로 밀린다는 생각은 전혀 못하고 있었기에 실수 없이 내 기량만 발휘하면 된다는 지극히 단순한 생각만 했을 뿐이다. 내가 이렇게 긍정적이다.

3

3월 6일. 아내와 아이가 입국했다. 전화를 받고 호텔 로비로 가자 낯익은 목소리가 들렸다. "아빠!" 강아지마냥 뛰어와 안기는 딸을 보자 그때까지 남아 있던 패배의 기운이 한순간 날아갔다. 캐나다에서부터 끌고 왔을 캐리어를 받아줄까 했는데 내 손을 놔줄 생각이 없는 아이를 보며 아내도 나도 웃어버렸다. 아빠 이것 봐. 아빠 이거 해봐. 아빠 이거 이쁘지. 아빠 이거 내가 만든 건데…. 조용했던 호텔 방이 기분 좋게 소란스러워졌다.

"♬ 완전 반해 반해버렸어요. 부드러운 목소리에~"
"한국에서 계속 이러고 있었던 거야?"
3월 7일 오전. 느지막이 일어나 침대에서 그녀들을 보고 있는데 아내 목소리가 들렸다. 방문 앞에 서서 조금은 한심하다는 투로 장난스럽게 말했다.
"가끔 시합도 하고 그랬어."
"걸 그룹이 밥이라도 줘?"
키득거리며 묻는 아내의 말에 진지하게 대답했다.
"행복을 주잖아."
내 대답에 감탄을 금치 못하던 아내가 조심스레 말했다.
"정신 좀 차리게 산책이나 나갈까?"
아직 공기가 차가웠지만 걷기에 좋은 날씨였다. 오랜만

에 아이 손을 잡고 밖을 산책하니 걸 그룹만이 행복을 주는 게 아니라는 큰 깨달음을 얻었다.

아빠 저게 뭐야? 아빠 저기 가보자. 아빠 이건 뭐야? 아빠 이거 먹어볼래. 아빠 아빠 아빠 아빠….

행복해 보이는 나와 아이의 모습을 아내는 사진으로 담기에 여념이 없었다. 세종문화회관 주변을 걷고 궁을 걷고 생과일 주스를 마시고 아이스크림을 먹고… 이 시간을 우리는 어떻게 추억하게 될까. 소중하고 아름다운 기억이길 희망했다.

"근데 이제 그만 들어갈까?"

4

알파고를 얘기할 때 개발자 데미스 허사비스Demis Hassabis를 얘기하지 않을 수 없다. 2016년 2월 22일 화상으로 그를 처음 만날 수 있었다. 많은 기자들 앞에서-나는 한국기원에 그렇게 많은 기자가 몰린 것을 처음 봤다-알파고와 관련한 첫 공식 행사였다. 데미스 허사비스의 첫인상은 정말이지 무해했다.

시합을 앞두고 대국 상대와 인터뷰를 할 때와 분위기가

사뭇 달랐고 최소한의 긴장감조차 느껴지지 않았다. 본인이 개발한 프로그램에 대한 자신감이나 불안감 따위를 전혀 드러내지 않았다. 동서양의 문화 차이도 존재하겠지만 이 정도로 아무것도 느낄 수 없다는 것은 상당히 색다른 경험이었다. 화기애애한 분위기에서 허사비스와의 첫 미팅이 끝났다.

2016년 3월 7일 데미스 허사비스와 저녁 식사 자리로 첫 오프라인 만남을 가졌다. 나와 아내, 아이가 함께한 자리였고 그는 우리 가족 모두를 배려하고 존중하는 모습을 보였다. 그는 나에게 이 시합을 제안한 이유를 설명했고 앞으로 펼쳐질 대국에 대한 기대를 숨기지 않았다. 본인이 개발한 알파고와 나의 대국이 어떻게 될지 순수하게 즐기는 모습이었다. 직접 대국을 겨루진 않지만 제삼자로서 바라보는 것만 같은 그의 모습이 인상적이었다. 약간의 이질감이 느껴졌지만 나는 자신감을 감추지 않았다. 나의 무분별한 행복 회로는 그 순간에도 계속되고 있었다.

시차 적응을 못한 딸아이가 고기를 물고 졸고 있었다. 허사비스가 그 모습에 웃음 지었고 우리의 식사 자리는 자연스럽게 마무리되었다.

5

3월 8일 오전 기자회견은 기억나는 게 없다. 특별할 것 없는 전형적인 기자회견이 아니었을까. 같은 날 디너쇼에서 에릭 슈밋Eric Schmidt 회장(당시 구글 CEO)이 했던 발언이 충격적이었다.

"이 기술의 발전은 인류를 위협하는 것이 아니라 인류 발전에 큰 도움이 될 것이고…."

실시간으로 통역을 받으면서 든 느낌은 그들은 이미 이겨 있었고 나는 이미 져 있었다. 처음으로 위기감이 들었다. 나의 발언도 신중해졌다.

"이번 승부는 누군가의 압도적 승리로 끝나는 것이 아니라 박빙의 승부가 될 것이라고 생각합니다."

에릭 슈밋 회장이 나의 무분별한 행복 회로에 찬물을 끼얹었다.

그날 침대에 누워서 그의 발언에 대해 생각해봤다. 회사의 기술에 자신감을 내비친 거라고 할 수도 있지만 자신감이 과한 것이 아닌가. 바둑을 제대로 모르기 때문에 할 수 있는 발언이지 않을까. 반발심과 함께 오기가 생겼다. 약간의 불안감과 기대감에 잠을 설쳤다.

6

드디어 밝아온 1국 날. 컨디션은 나쁘지 않았지만 이미 나의 패배를 기정사실화한 에릭 슈밋 회장의 발언 탓에 긴장감이 커지긴 했다. 준비를 마치고 일찌감치 대국장으로 내려갔다. 아이의 손을 잡고 대국장으로 향하는 기분은 좋았다. 수많은 내외신 기자들을 지나는 동안 내 손을 꼭 잡고 있는 아이의 손이 그 무엇보다 큰 힘이 됐다. 내가 손을 잡아준 게 아니라 본인이 아빠 손을 잡아준 것임을 아이는 모를 것이다.

대국장 옆에 마련된 대기실에 들어가자 먼저 와 있던 에릭 슈밋 회장이 우리를 반겨줬다. 간단하게 나를 응원해준 그가 딸에게 나이를 물었다. 아이에게 나이를 묻는 스몰 토크는 동서양 구분 없이 무난한 주제인가 보다. 아홉 살이라 대답한 딸에게 그는 본인도 딸이 있다, 너보다 나이가 많다며 장난을 쳤고 밝은 미소와 자상한 말투로 아이와 이야기를 이어갔다. 그 모습이 오히려 나의 불안감을 자극했다. 진솔하고 소탈한 그 모습이 전날 그의 발언에 무게감을 더했다. 그가 보여준 자신감 넘치는 모습이 연출이 아니란 말인가.

에릭 슈밋 회장이 대기실을 나가고 얼마 지나지 않아 나도 대국장으로 향했다. 대국장은 완벽히 준비를 마친 상태였고 아직 시간적인 여유가 남아 있었다. 멘탈 관리가 필요한 대국 상대가 아니었기에 멀리서 대국장 안을 빼꼼히 보고 있던 딸아이를 손짓으로 불렀다. 아이가 기다렸다는 듯이 오도도 달려왔다. 순한 눈빛을 반짝이며 태극기 위에 쓰인 내 이름을 읽더니 활짝 웃으며 내 옆에 서서 대국장 이곳저곳을 둘러봤다. 그 모습을 보던 데미스 허사비스가 다가와 맞은편에 앉으며 사진을 요청했고, 딸을 내 옆에 앉히고 허사비스와 악수를 나누며 기념사진을 촬영했다.

시합 중 필요한 걸 묻는 관계자에게 내가 커피를 좋아하니 한 시간마다 한 번씩 리필해줬으면 좋겠다고 부탁했다. 나도 처음 해본 부탁이었다. 알파고와의 대국에서는 느끼지 못할 사람 간의 에너지를 느끼고 싶었다. 따뜻한 커피와 함께 전해질 누군가의 응원이 필요했던 것도 같다.

대국장 밖에 있던 아내가 아이를 불렀다. 드디어 시작이구나.

"돌을 가려주시기 바랍니다. 이세돌 9단 무얼 선택하겠습니까? 흑. 대국을 시작해주시기 바랍니다."

수백 번 들었을 대국 개시 선언이 평소와 다르게 다가왔다. 설렘과 기대와 흥분 속에 흑 7, 9를 두어갔다. 프로 바둑 오프닝으로는 거의 두지 않는 수다. 이 실험적인 수에 이어질 알파고의 수를 호기심 속에서 기다리던 그때, 백 10이 떨어졌다. 이 장면에서 완벽한 대응이었고 나는 비로소 알파고의 수준을 짐작할 수 있었다. 나의 무분별한 행복 회로에 에릭 슈밋 회장은 찬물을 끼얹더니 알파고는 기어코 그것을 산산이 부숴버렸다.

나의 변화는 극적이었다. 설렘, 기대, 흥분 대신 대국장의 낯선 분위기와 부담, 초조함이 나를 지배했다. 흑 19, 21은 그런 심경에서 나온 수였다. 19를 둘 때만 해도 21은 계획에 없던 수였고 사실상 최악의 한 수였다. 19와 21이 결합하니 그야말로 환장의 컬래버레이션이었다. 23까지 더해지니 점입가경이다. 23은 완벽한 무리였고 알파고의 24, 26으로 이 바둑은 사실상 끝나버렸다. 20년 넘는 내 프로 인생에 26수 만에 사실상 패한 경우는 처음이었다. 초반 30수는 중반 이후 싸움을 위한 포진을 짜는 단계이지 승부가 결정 나는 단계가 아니다.

멍했다. 나 자신에 대한 실망감에 한동안 어떠한 생각도

할 수 없었다. 때마침 새로 내온 커피 향이 나를 깨웠다. 이번 승부에 연연하지 않고 앞으로의 시합을 준비해야 할 때였다. 무너졌던 심경을 수습하고 최소한의 정보라도 수집하기 위한 수들을 두어갔다.

흑 77수. 사람 간의 대국이라면 좋은 평가를 받기 힘든 수였겠지만 알파고를 알기 위한 수였고 나의 모든 심경을 대변하는 수였다. 내가 할 수 있는 최선을 다하고 싶었다. 그런 마음가짐 때문이었을까. 완벽해 보이던 알파고가 틈을 보이기 시작했다.

백 82부터 92까지 수순은 아무리 다른 관점으로 본다고 해도 이해하기 어려웠다. 버그성 수순을 의심할 수밖에 없을 만큼 알파고의 손해가 컸다. 좁혀질 것 같지 않던 차이가 유의미할 만큼 줄어들었다. 자그마한 희망이 피어나던 그때 떨어진 흑 93.

알파고의 버그성 수순에 잠시 흥분해버렸다. 경솔의 한 수이자 마지막 패착이었다. 바둑에 있어서 '경솔하다'라는 것은 최선을 다해야 할 때 다하지 못한 것이다. 백 102가 결정타였고 그 후의 수순은 의미가 없었다. 1국이 끝났다.

"일단 오늘 바둑 쪽으로 얘기를 하자면 초반의 실패가

끝까지 이어지지 않았나 싶고요. 물론 초반에 나쁠 때도 질 줄은 몰랐습니다. 이렇게 완벽하게 바둑을 둘지 몰라서 정말 놀랐고….

저는 여러 번의 세계 대회 우승 경험도 있고 또 실전 경험 자체가 틀리기 때문에 1국을 졌다고 해서 제가 뭐 크게 흔들리거나 이런 것은 없지 않을까 생각하고, 제 느낌을 정확히 말씀드리자면 이제 5대 5가 아닌가 생각합니다.

저는 이 프로그램을, 이 알파고를 만든 두 분 또 나머지 프로그래머 분들 정말 깊은 존경심을 전하겠습니다."

나만큼 충격을 받은 동료 기사들과 그곳에 모인 기자들 앞에서 내가 받은 충격과 나에 대한 실망감을 그대로 드러낼 순 없었다. 바로 다음 날 또 시합은 이어지고 나도 마인드 컨트롤이 필요한 상황이었다. 이제 5대 5라는 말로 나 자신을 다독이며 기자회견을 마쳤다.

방으로 올라가는 엘리베이터 안에서 아내와 딸에게 어떤 모습을 보여야 할까 고민했다.

"에잉. 져버렸어."

최대한 아무렇지 않은 척했지만 모든 걸 함축한 솔직한 표현이었다.

백 알파고 흑 이세돌   결과: 186수 백 불계승

1국 기보

"괜찮아. 그럴 수도 있지."

아이의 말이 적잖이 위로가 되…려고 하는데,

"아빠, 뭐 주문할까?"

그렇지. 지금 중요한 건 룸서비스다.

1국을 복기하면서 알파고를 파악하는 데 한 판의 바둑으로는 한계가 있으며 특히 이번 대국에서 내 바둑을 두지 못하면서 그것이 더욱 어려워졌다. 사실상 혼자 무너진 1국이었다.

7

일찍 눈이 떠졌다. 오늘은 다르리라.

사실 바둑도 언젠가는 질 수도 있지만 아직은 아닐 거라는 생각이었다. 제일 처음 패한 사람이 내가 될 줄 몰랐다. 내가 첫 희생양이 될 줄은 몰랐다.

1국이 끝나고 모두가 충격받아 있을 때 보란 듯이 2국의 승리를 보여주고 싶었다. 1국을 이겨버렸다면 다소 싱겁게 보여졌을 승부가 1국을 지고 2국을 이기면서 좀 더 드라마틱해질 수 있겠다는 생각. 서른세 살의 나는 나를 얼마나 믿고 있었던 걸까. 나에게 실망했단 말은 역설적으로 나에 대한 믿음이 어마어마했단 말이기도.

하룻밤 새 기력을 회복한 나는 어느새 슈퍼히어로가 되어 있었다. 일찍 준비를 끝내고 아내와 아이가 있는 방으로 갔다.

"혜림아, 뭐 주문할까?"

"아빠 다녀올게."

당연히 같이 갈 줄 알았던 딸아이를 뒤로한 채 2국은 홀로 대국장으로 향했다. 1국을 진 부담감과 2국에 대한 비장함이 함께했다. 홀을 가득 메운 기자들의 눈빛에서 걱정과 기대를 읽을 수 있었다. 입 밖에 내진 못했지만 걱정은 뒤로하고 기대하며 지켜봐달라는 것이 나의 속마음이었다. 1국에선 내가 실수투성이였지만 알파고의 작은 틈도 확인했고 2국은 나의 백 번이었다. 이때까지만 해도 알파고를 인정하지 못했기에 한 번의 패배를 회복하는 데 하루면 충분했다.

'1국처럼 초반에 실수하지 말자'를 되뇌며 2국을 시작했다. 침착하게 두면서 기다리면 알파고가 버그를 일으킬 것이라는 게 2국에 임하는 나의 핵심적인 생각이었다. 1국에서 일어난 버그가 2국에서도 일어날 거라는, 알파고를 인정하지 않는 마음에서 비롯된, 마치 말도 안 되는 논리로 행운이 올 것을 확신하는 노름꾼의 마음 같았다.

흑 63부터 73까지 두는 동안 행운이 올 것을 확신했던 노름꾼의 말로가 보이기 시작했다.

백 82, 84. 패착이다. 노름꾼은 패망했다.

그냥 내 바둑을 두면 되었을 것을 알파고의 버그를 기정사실화하고 두었던 2국이었다. 1국의 버그성 진행이 2국을 두는 나에게는 결국 악영향이 되었던 것이다. 알파고를 인정하지 못했던 나의 생각에 알파고가 기름을 부어버린 꼴이다. 왜 그렇게까지 알파고를 인정하지 못하고 있었을까. 지금 생각해보면 바둑 기사로서 일종의 거부감이었던 것 같다. 바둑에 있어서 컴퓨터 따위가 나보다 우위에 있다면 나의 세상이 무너지는 것과 진배없었다. 그리고 나의 세상이 무너졌다.

"글쎄요, 굉장히 놀란 건 어제 충분히 놀랐고요, 이제는 할 말이 없을 정도가 아닌가 싶습니다. 오늘 바둑은 내용상으로 보자면 정말 완패였고요, 초반부터 한순간도 제가 앞선 적이 없었던 것 같습니다. 특별히 이상한 점도 발견하지 못했고요.

어제 바둑에서 조금 그래도 문제점이 있지 않나 했는데 오늘은 정말 알파고의 완승이고 알파고가 완벽한 대국을 펼치지 않았나 싶습니다.

마지막 질문에 답한다면 이제 2대 0이고 쉽지는 않을 것 같습니다. 최소한 한 판은 이길 수 있도록 최선을 다하겠고요. 오늘 바둑으로 봤을 때는 중반 이후로 넘어간다면 사실 어렵거든요. 그렇기 때문에 그 전에 승부를 보는 쪽으로 가야만 그래도 승리할 수 있는 확률이 올라가지 않을까 싶습니다."

미처 생각을 정리하지 못했던 나는 아내와 딸이 묵고 있는 방에 잠시 들렀다가 동료 기사들과 내 방으로 갔다. 분명히 딸이 와서 안겼을 텐데 기억이 없다. 그렇게 잠시 서성이다 동료 기사들이 도착해서 내 방으로 갔던 것만 기억한다. 생각해보면 난 동료 기사들을 부른 적이 없다.

- **아내의 시점**

  방에 들어온 남편이 앉지도 않고 서성이며 알아듣지 못할 혼잣말을 하기 시작했다. 기다렸다는 듯이 뛰어가 안기는 딸을 내 쪽으로 불렀다. 이럴 줄 알았다. 남편의 혼잣말을 알아들을 사람들을 진작 불러놓길 잘했다.

남편이 도착하고 몇 분 지나지 않아 친한 바둑 기사들이 도착했다. 그때까지 빙의한 듯 혼잣말을 중얼대던 남편이 그들과 건넛방으로 갔다. 내가 할 수 없는 영역을 그들이 채워주길 바랐다.

밤새 복기하며 느낀 것은 알파고가 우리보다 우위에 있을 확률이 높다는 것이다. 긴 시간 이어진 복기에도 알파고의 실수를 찾아볼 수 없었다. 막막함, 좌절감, 절망감은 물론 말로 표현할 수 없는 모든 것들이 나를 덮쳐왔다. 오랫동안 일인자를 유지하셨던 선배 기사님께서 "이건 이길 수 없는 거야. 편하게 두면 될 것 같아"라는 말을 전해왔다. 이제는 알파고의 우위를 모두가 인정하고 있었다.

8

"♬ 꿈꾸며 기도하는 오늘부터 우리는~"

평소와 다름없이 그녀들을 보고 있는데 아내가 들어왔다.

"행복해 보이네. 뭐 좀 먹어야지."

한결같은 내 모습에 안도하는 듯했다. 룸서비스를 주문해 먹고 아이와 장난도 치고 아무 일도 없다는 듯이 1국을 두기 전과 같은 상태를 유지하려고 노력했다. 저녁 식사를 끝내고 내 방으로 돌아온 나는 알파고에 대해 다시 면밀히

백 이세돌 흑 알파고   결과: 211수 흑 불계승

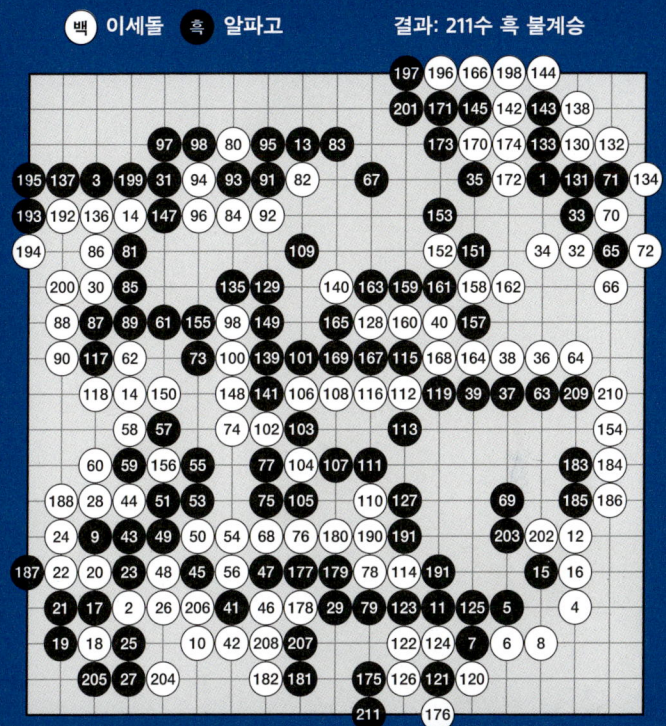

2국 기보

검토하기 시작했다. 내가 놓친 건 없는지, 허점은 없는지.

9

3국 날 아침은 기억이 잘 나지 않는다. 아마도 바둑을 어떻게 두어나갈지 생각하고 있지 않았을까. 대국장으로 향하는 복도에서 나를 기다리고 있을 취재진을 맞닥뜨리는 게 처음으로 부담스러웠다. 나에 대한 믿음이 사라졌을 그들을 마주하기가 두려웠다. 이미 나조차도 승률 기대치가 낮아진 상황이었으니 그들은 더하리라 생각할 수밖에 없었다.

2국을 뒤본 결과 무난하게 진행해서는 답이 없을 거란 생각이었다. 초반부터 강하게 둬서 버그 확률을 높이는 것이 3국의 기본 작전이었다. 작전이 틀렸다고 보기는 어려웠다. 다만 내 멘탈이 정상적이지 못했다.

강하게 두자고 마음먹은 것과 다르게 무난한 수(흑 11)를 뒀다가 다시 강한 수(흑 13), 그리고 무리수(흑 15)를 둬버렸다. 흑 15는 원래부터 무리로 알려진 수다. 강하게 두는 것은 작전이라 볼 수 있지만 이미 알려진 무리수를 둬버리는 건 말 그대로 무리였다. 이해할 수 없는 선택을 했을 만큼 내 상태는 정상적이지 못했다.

  낯선 환경에서 당황스러운 상황을 마주했을 때 적절한 대처 방법이 떠오르지 않아 버벅거렸던 경험이 사람이라면 누구나 있을 것이다. 그게 1국이었다. 그런 상황을 겪고 난 후, 같은 상황에 놓인다면 어떻게 대처하는 게 좋을지 다들 고민해보았을 것이다. 나의 경우, 같은 상황에 똑같이 다섯 번 놓이게 된다는 걸 이미 알고 있었고, 내가 알고 있던 지식과 경험을 바탕으로 최선을 다했음에도 결과는 좋지 못했다. 그게 2국이었다. 기존의 방식이 통하지 않는다는 것을 알고 난 후 나에게 최선은 무엇일까를 고민했다. 새로운 방식이 필요하다는 걸 인지했고 강하게 둬보자 마음먹었지만 바둑판 앞에서 나는 갈팡질팡하고 있었다. 결국 멘탈이 무너지고 말았다. 그게 3국이었다.

  백 32는 사람이 생각하기 힘든 굉장한 수였다. 후에 동료 바둑 기사들과 복기하면서도 인공지능의 무서움을 느끼며 감탄을 금치 못한 수였다. 이 수로 인해 바둑은 급속도로 알파고에게 기울어졌다. 그럼에도 알파고의 버그를 바라면서 계속 둬야만 했다. 복권을 사는 사람의 마음이 이렇지 않을까. 나는 행운에 기대 바둑을 진행하고 있었다.

이런 상황에서 두어진 흑 87. 백 88로 받아 두니 대악수였고 이 바둑은 끝났다. 흑 87은 평소라면 절대 나오지 않을 수, 그만큼 내 상태가 정상적이지 못하다는 것을 보여주는 한 수였다. 허탈하고 허무하게 3국이 나의 기억 속으로 들어왔다. 지켜보던 많은 사람들의 기억 속에서는 어떠할까? 나의 부족함이 사람들에게 무력함을 주지는 않았을까? 걱정 속에서 기자회견장으로 이동했다.

"심한 압박감, 부담감을 이겨내기에는 제 능력이 부족했습니다. 이렇게 심한 압박감, 부담감을 느낀 적은 없었는데 일단 죄송하다는 말씀을 먼저 드리겠습니다. 내용이나 승패 등에서 기대를 많이 하셨을 텐데 무력한 모습을 보였습니다.

분명히 인간과는 다른 바둑을 뒀고 어떻게 보면 우월한 모습도 보였지만 분명히 약점은 있을 것이라 생각합니다. 이세돌이 패배한 것이지 인간이 패배한 것은 아니라고 생각합니다.

사람과의 대국에서 2대 0으로 밀린다고 해도 이 정도의 스트레스는 아니었는데…. 알파고와의 승부는 새로운 경험이었기 때문에 적응하지 못했고 결국 허무하게 마지막을 내췄습니다.

 승패는 갈렸지만, 알파고의 정확한 능력을 파악하는 데는 1~3국보다 4, 5국이 더 중요할 수 있다고 생각합니다. 많이 지켜봐주십시오."

 이세돌이 패배한 것이지 인간이 패배한 것은 아니라는 말이 나의 정확한 심경이었고, 나의 부족함과 패배가 사람들에게 부정적인 영향을 주지 않기를 바라는 마음이었다. 시리즈의 승패가 결정 났고 처음으로 기사와 댓글을 읽어보기 시작했는데, 그때 나는 나에게 쏟아질 비난과 질타를 걱정했고 그것이 어쩌면 당연하다고 생각하고 있었다. 비난과 질타가 없진 않았지만 나에 대한 걱정 어린 응원이 대다수였다. 힘겹지만 감사한 마음으로 4국을 준비했다.

 3국이 벌어진 날은 결혼 10주년 기념일이었다. 우리에게는 뜻깊은 날이었지만 이제는 다른 의미로도 다가올 날이 아닐까. 모든 것이 무겁게만 느껴지고 두려움이라는, 알고 있지만 생소한 감정 속에서 어떻게 미화해도 힘겨운 하루가 힘겹게 끝이 났다.

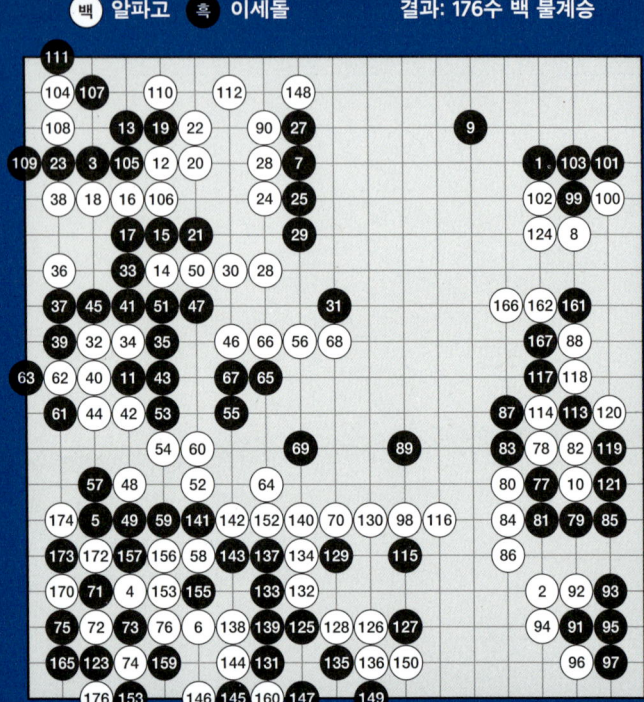

3국 기보

10

새로운 날의 시작을 아침이라 한다면 내가 느낀 4국 날은 아침이 존재하지 않았다. 하루는 흘러가지만 나에게는 새롭지 못했다. 또 다른 힘겨운 하루가 흘러가리라.

"아빠, 오늘은 가지 말고 나랑 놀까?"

너무나도 해맑은 아이의 모습에서 힘겹지만 보람된 하루를 꿈꾸기 시작했다. 시리즈를 패한 것이 오히려 나의 마음을 가볍게 했고 이제서야 조금이나마 정신을 차린 나는 4국의 작전을 다시 한번 생각했다.

대국장 앞을 메우고 있는 취재진도 분위기가 가라앉아 있었다. 나를 포함한 모두가 이미 나의 패배를 기정사실화하고 있었을 만큼 좋지 않은 상황 속에서 자리에 앉은 나는, 전날 밤부터 정리했던 작전에 좀 더 확신을 가질 수 있었다. 평상시에는 '내가' 어떻게 두어가는 게 중요하지만 지금은 '알파고'의 약점을 공략하는 게 핵심이었다. 조금은 과감하고 도박적인 작전이 나의 마지막 승부수이자 지금 할 수 있는 최선의 작전이라 생각하며 4국에 임했다.

4국의 작전은 '초반에는 변화를 최소화하고 중반전에 모든 것을 결정하자'였다. 알파고에 버그가 일어났을 때 조금의 이득이 아닌 바둑에 치명적으로 작용하도록 진행하는 게 중요한 포인트다. 상황이 좋지 않아서 구상한 작전이지만 이를 성공으로 이끌기 위해서는 좋지 않아도 다독이며 나아가야 할 것이다.

  2국과 같은 초반 진행을 이어가다 백 12로 수순을 틀었다. 준비된 수였다. 극단적인 실리보다는 단단함과 균형을 중시한 수였고 4국의 작전에서 균형은 굉장히 중요한 부분이었다. 균형이 무너지면 전투가 일어날 수밖에 없는데 초반 변화를 최소화해야 하는 나의 입장에서는 좋지 않다고 생각했다. 백 18, 26도 평소 나의 방식은 아니지만 변화를 최소화하는 수였다. 백 46까지를 초반이라 한다면 당시에 굉장히 만족스럽게 생각하고 있었다.

  이어진 흑 47은 사람이 생각하기엔 스케일이 다른 성동격서였고 흑 67까지 알파고가 조금이나마 앞서 나가기 시작했다.

  백 68은 굉장히 침착한 수지만 사실상 승부수였다. 선택할 수 있는 수많은 수 중 사람과의 대국이었다면 절대 두지 않았을 수였다. 전투라는 차원에서 알파고가 우위에 있다고 생각했기 때문에 선택했던, 처음 작전대로 정수보다는 알파고의 버그를 일으킬 확률이 높은 쪽으로 움직인 것이다. 이 수를 기반으로 고대했던 순간이 찾아왔다. 백 78에 흑 79. 알파고에 치명적인 버그가 발생했다. 이후의 수순은 큰 의미가 없으며 백 68의 승부수는 최고의 선택이 되었다. 바둑이 좋지 않다고 느꼈던 순간에도 처음 세운 작전대로 밀고 나갔던 것이 좋은 결과로 이어졌다.

지금 생각해보면 백 68의 선택이 4국을 승리로 이끌었기에 최고의 승부수로 남아 있지만 고대했던 순간이 오지 않았다면 패착의 오명이 씌워졌을지도 모른다. 바둑도 인생도 결과론이라는 것은 희극이 아닐 수 없다. 당신은 백 68의 선택을 어떻게 평가하는가. 지금 와서는 4국의 승리보다도 백 68의 선택의 순간이 훨씬 더 기억에 남아 있다.

"감사합니다. 한 판을 이겼는데 이렇게 축하를 받아본 건 또 처음인 것 같습니다. 3연패를 하고 1승을 하니까 이렇게 기쁠 수가 없습니다. 이 1승은 정말 그 전의 무엇과 앞으로도 바꾸지 않을 정말 값어치로 매길 수 없는 그런 1승이 아닌가 싶습니다. 격려 덕분에 한 판이라도 이긴 것 아닌가 생각합니다.

알파고는 기본적으로 백보다 흑을 힘들어하는 것 같습

니다. 또 자기가 생각하지 못한 수를 상대가 놓았을 때 일종의 버그 형태로 몇 수를 뒀는데 그럴 때 대처 능력이 떨어지는 것 같습니다.

정보 비대칭성 얘기는 알고 있습니다. 내가 알파고에 대해 처음부터 어느 정도 정보가 있었다면 수월했겠지만, 기본적으로는 나의 능력이 부족했던 것이라 그건 큰 문제가 아니었습니다.

3연패 후 충격이 아예 없었다고는 말 못하는데 그렇다고 대국을 중단시킬 만한 상황은 아니었습니다. 결과가 좋지 않아 스트레스가 있었지만 즐겁게 바둑을 뒀기 때문에 내상을 입을 정도는 아니었습니다. 이번에 한 판 이겨서 그런 것도 많이 날아갔습니다.

대국에서 쉽게 수가 날 줄 알았는데 생각보다 어려워서 이번에 또 지는 게 아닌가 생각했습니다. 그 장면에서는 그 수밖에 없었습니다. 다른 수는 보이지 않아 어쩔 수 없었던 수인데 칭찬받아서 어리둥절합니다.

이번에 백으로 이겼기 때문에 마지막 5국에서는 흑으로 이겨보고 싶습니다. 이미 내가 백으로 이겼으니 흑으로 한 번 해보고 싶습니다."

흑이 조금은 불리한 게 사실이지만 시리즈가 이미 패배로 결정이 나 있는 상황에서 흑으로 승리를 해야만 의미가 있겠다는 생각에 제안했고 그들은 받아들였다. 매우 힘든 도전이지만 만약 흑으로 승리한다면 시리즈에서는 패했지만 승리한 느낌이 아닐까? 딥마인드 측은 반대일 것이다.

4국의 승리는 나에게 우연히 다가온 선물 같은 느낌이 강했고 모두의 축하는 나의 바둑 인생에 대한 축복이었다. 하지만 여전히 나에겐 승리보다는 1~3국의 패배가 더 크게 다가와서 모두에게 감사와 미안함을 함께 표현하고 느껴야만 했다. 아내와 아이의 반응도 매우 신선했다. 보통은 패배의 아픔은 공감해도 승리의 기쁨은 그렇게 표현하지 않는데 4국의 승리에 대해서는 매우 기뻐하며 즐기는 모습이었다. 이번 시리즈 내내 마음고생했으리라. 4국 승리의 기쁨을 뒤로하고 1~4국을 면밀히 살피며 5국에서는 나의 바둑 인생을 보여줄 수 있는 최선의 바둑을 둘 것을 다짐했다.

백 이세돌 흑 알파고   결과: 180수 백 불계승

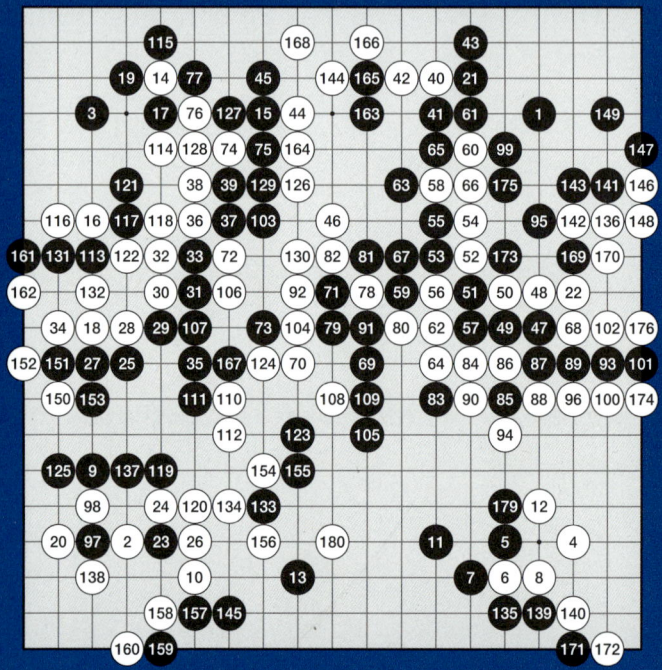

4국 기보

11

4국의 다음 날이자 5국의 전날. 오랜만에 새로운 하루의 아침 햇살이 나를 반겼다.

"♬ 설레임을 오늘부터 우리는~"

변함없이 그녀들의 영상으로 하루를 시작했고 이제는 익숙하게 바라보는 아내가 "행복해 보이긴 한데 답답하지 않아?"라며 산책을 권했다. 호텔에서는 계절을 알 수 없지만 호텔 밖으로 한 발짝 몸을 내밀어보니 봄이 왔음을 실감할 수 있었다. 봄이 와서 기쁘기보다는 겨울이 끝났음에 안도했다. 매년 오는 봄이지만 매번 새롭고 특별하지 않은가.

"올해는 봄이 정말 좋은 것 같아."

아이의 말에 나와 아내가 웃음 지었다. 매년 좋은 봄을, 좋은 계절을 느끼길 소망하며 봄바람과 함께 다시 호텔로 발걸음을 돌렸다.

오후에 허사비스와 미팅이 있었다.

"누구나 인공지능으로 바둑을 둘 수 있고 공부를 할 수 있다면 어떨 것 같습니까?"

"음, 좋을 것 같네요."

아직은 시리즈가 완전히 끝나지 않은 상황이라 생각의

정리 없이 대답했는데, 허사비스의 질문에 이 대답은 너무나 가벼웠고, 어떤 대답을 해도 변하는 게 없을지언정 내가 가진 바둑의 철학상 올바른 대답일 수 없었다. 당시 상황에서 깊게 생각하기 어려웠지만 상대방이 조심스레 나의 의견을 물어왔을 때 너무 성의 없이 대답했으며, 나를 포함한 바둑의 전반적인 상황이 변할 수 있는 질문에 어떠한 상황에서도 이렇게 말했다는 건 매우 실망스럽고 아쉬운 대답이었다. 변명이라면 '5국에 모든 초점이 맞춰져 있어서'인데 누구나 생각이 있고 상황이 있으며 결국 '말에 책임이 따른다'라는 점을 기억해야 했다. 두고두고 후회로 남는 대답이었다.

  미팅을 마치고 저녁을 먹으며 내일을 생각하니 또다시 막막하니 힘들고 어쩌면 두려울 수도 있는 하루가 그려지기 시작했다. 흑으로 승리한다는 게 사실상 불가능한 게 아닐까? 최선을 다하는 게 결국 무기력함을 뜻하면 어떻게 해야 하나. 나의 바둑 인생을 보여준다 한들 그것이 큰 의미가 있을까. 그렇다면 나는 최선 이상을 생각해야 하는데 최선 이상이라는 게 평소의 내가 아닌 특별한 무언가를 준비해야 한다는 것이면 사실상 불가능하며 나는 결국 무기력할 수밖에 없다. 결국 무대책이 최선의 대책일 수 있다고 생각하며 실력적으로 알파고가 우위에 있음을 다시 한번 완벽하게 인정했다(여기서 무대책은 부딪히며 생각하는 바둑의 전략이라 이해하면 된다).

12

5국의 날도 어김없이 아침 햇살이 나를 깨웠다. 햇살이 이렇게 밝은데 흑번으로 두어서 이길 수 있을까. 어이없는 생각에 잠겨 있을 때 "일어났네요"라며 인사를 건넨 아내가 평소와는 다른 내 모습에 살짝 당황했다.

"왜, 영상 속의 그녀들도 피곤하시대?"

아내는 농담하며 굳어 있는 나를 풀어주었다. 이후에 대국전까지 기억이 없다시피 한데 그만큼 부담감을 가지지 않았나 싶다.

'마지막 대국이니만큼 알파고를 의식하지 않고 나의 강점으로 승리를 쟁취했으면 좋겠다.'

대국 개시 전 마지막으로 마음을 가다듬으며 한 생각이다. 결국 상황을 보며 판단하겠다는 현실적인 판단과 나의 바둑을 보여주겠다는 두 가지 생각이 부딪히며 어려운 초반을 맞이할 수밖에 없었다.

흑 17로는 백 18 자리에 두어야 했는데 무언가를 보여주겠다는 나의 욕심의 한 수라고 볼 수 있다. 흑 29는 너무 전형적인 수였고 17의 생각과도 상충된다. 혼란스러운 초반의 진행이 이어지고 있었는데 백 40이 두어졌고 내가 생각했던 최악의 시나리오가 현실로 다가오는 순간이었다. 초반이 어렵고 특히 흑으로는 더욱 운영하기 어렵다는 것을 1~4국을 통해 경험했음에도 이렇게 어려운 상황에 처했다는 것이 나를 더욱 힘들게 했다. 나의 어지러운 마음이 이렇게 만들었지만 한편으로는 '흑으로는 사실상 힘든가?' 하며 마음을 정리하고 있는 상황에서 백 58, 알파고의 버그가 등장했다. 사람의 관점에서는 착각. 그 형태에서의 결과는 비슷하지만 다음 진행에서 사람과 인공지능의 차이가 명백해진다. 사람의 경우 마음을 추스르기가 어려운 부분이 있는 데 반해 알파고의 경우 후회라는 감정이 존재하지 않기 때문이다.

의도치 않은 상황에서 알파고의 버그. 이것은 그저 행운에 불과한데 나는 조금 흥분하지 않았나 싶다. 흑 69는 사람과의 바둑이라면 충분히 둘 수 있지만 알파고를 상대할 때는 좋지 않은 판단이었고 너무 판을 좁힌 한 수다. 이러면 사람이 알파고를 상대로 이기기는 사실상 힘들다. 흑 81. 이 바둑의 패착. 많은 생각 속에서 일어난 해프닝에 가까운 수다. 84로 두고 그 다음에 두어야 했는데…. 마지막 대국이니만큼 포기하지 않고 두어갔지만 차이를 뒤집기는 불가능했다. 아마도 81의 실수가 없었더라도 알파고의 능력을 생각한다면 조금은 어렵지 않았을까? 많은 분들의 응원 속에서 펼쳐진 알파고와의 대국은 이렇게 아쉬움을 뒤로한 채 우리의 기억 속으로 들어왔다.

"굉장히 아쉽습니다. 이번 챌린지 매치가 끝나서 아쉽고요. 또 유종의 미를 거두고 싶었는데 결국 해내지 못해서 그것 또한 아쉽습니다. 대국 초반에 유리하다고 생각했는데 패해서 나의 부족함이 다시 나타난 부분이라고 생각합니다. 많이 응원해주시고 격려해주신 분들께 깊은 감사의 인사를 드리고요. 더 노력해서 발전하는 이세돌을 보여드리겠습니다.

기본적으로 알파고가 뛰어난 바둑을 둔다고 생각하지는 않습니다. 아직은 인간이 해볼 수준이라고 생각하고 그래서 패한 것이 아쉽습니다. 실력보다는 심리적으로 인간보다 우위인 것 같습니다. 알파고는 흔들리지 않았고 끝없이 집중해서 이런 부분에서는 인간보다 우위라고 생각합니다.

이번 대국을 통해서 인간의 창의력과 바둑 격언에 의문이 들었는데요. 알파고의 수법을 보면서, 과연 우리가 기존에 알고 있던 것이 정말 맞는가? 다 맞았던가? 그런 의문은 들었습니다. 앞으로 더 연구해야 할 것 같습니다.

바둑은 즐겨야 하는 것인데 어느 순간부터 내가 바둑을 과연 즐기고 있나, 그런 의문은 항상 갖고 있었는데 이번 알파고와의 대결은 원 없이 마음껏 즐겼던 것 같습니다."

알파고와 대국 이후 나는 많은 변화가 생겼다. 정확히는 한·중·일 바둑계가 천지개벽을 했다. 알파고와 비슷한 바둑 인공지능을 누구나 이용 가능해졌고 이것은 바둑의 본질 자체를 흔드는, 바둑에 있어서 천재지변이라 칭해도 이상할 게 없는 사건이었다. 프로 바둑 기사로 25년을 넘게 살아왔던 나로서는 너무나도 힘든 현실이었고 많은 프로 기사들도 나와 다를 바 없는 충격을 받았다.

바둑은 인간이 만든 유일하고 완벽한 추상 전략 게임으로서 프로 바둑 기사들은 이것에 자부심을 가지고 연구를 거듭해왔는데 이제는 인공지능을 보고 공부해야 하는 현

5국 기보

실에 부딪혀야 했다. 추상 전략이라는 바둑의 본질은 개인의 수읽기 능력을 바탕으로 창의적인 부분이 굉장히 중요한데, 인공지능을 보고 공부하는 상황에서 창의력이 그렇게 중요하다 할 수 있을까? 그래도 바둑은 계속해서 두어지겠지만 나의 바둑은 나의 세계는 이것으로 끝을 맺었다(바둑을 즐기는 아마추어 입장에서는 큰 변화가 없을 수 있다. 특히 바둑을 처음 접하는 입장에서는 전혀 상관이 없다. 프로 관점에서의 얘기다).

알파고 대국 뒷이야기

1. 알파고가 중국 룰을 기준으로 한 배경

한국, 일본 바둑은 영토만 가리다 보니 어떤 특수한 상황에 놓였을 때 그 모양새에 맞는 룰을 변칙적으로 적용하는 데 반해, 중국 바둑은 영토와 병사로 돌이 나뉘어 있으므로 어떤 상황에도 실전 해결 룰을 일률적으로 적용해 컴퓨터로 프로그래밍하기에 더 적합하다고 판단한 것 같다.

한·중·일 바둑의 덤의 차이에 대해서도 간단히 설명하자면,

처음 내가 바둑을 배울 때만 해도 바둑의 덤은 세 나라 모두 5집 반이었다. 당시 일본이 현대 바둑을 주도하고 있었는데 이창호 9단이 출현하며 바둑의 주도권은 한국으로 넘어왔다. 이후 한국 바둑 기사들 사이에서 5집 반의 덤은 흑이 유리하다는 얘기가 나왔고 데이터상으로도 흑의 승률이 높음을 확인할 수 있었다. 한국이 먼저 덤을 6집 반으로 수정했고 뒤이어 일본도 룰을 변경했다.

알파고는 중국 룰을 베이스로 하기 때문에 덤이 7집 반이다. 데이터가 쌓일수록 백의 승률이 훨씬 앞서면서 7집 반의 덤은 확실히 백이 우세하다는 것을 확인할 수 있었지만, 중국 룰을 기준으로 프로그래밍된 알파고의 덤을 6집 반으로 바꾸는 것은 불가능했다(중국 바둑은 영토와 병사 둘로 나뉘어 있으므로 덤을 2집씩 올릴 수밖에 없다. 5집 반과 7집 반 중에 선택해야만 하는 상황에서 중국은 현재 7집 반을 룰로 정한 상태다).

2. 알파고 대국 제한 시간이 정해지게 된 배경

당시 가장 길었던 대국의 경우 제한 시간이 각자 4시간이었다. 알파고 측에선 3시간 이하의 제한 시간을 원하지만 어디까지나 나의 의견을 존중한다고 했다. 나 또한 너무 긴 바둑은 보는 사람 입장에서도 지루할 거라 생각했고 너무 짧은 바둑은 승부로나 데이터로나 그 가치가 떨어진다고 생각했다. 그래서 2

시간을 제안했다.
  후에 한 인공지능 전문가에게 들은 바에 의하면, 제한 시간이 짧아질수록 알파고의 버그 확률이 높아질 수밖에 없으므로 나의 승률 또한 높아졌을 거라고 한다. 아, 한 시간으로….

2장

멘탈이 흔들리는 순간 끝이다

고지를 앞두고 무너지다

 1999년, 그리고 2000년. 20세기의 마지막 순간에 내 바둑은 마침내 꽃을 피우기 시작했다. 바둑은 언제, 어떤 이유로 발전하는지 명확하지 않다. 하지만 이 시기에 내 바둑이 진정으로 시작되었다는 것만은 분명했다. 주관적으로도 그랬고 객관적으로도 그랬다.

 2000년을 32연승으로 시작했다. 내 바둑 인생 최대 연승 기록이다. 그 기세는 마침내 LG배 세계 기왕전 결승으로 이끌었다. 결승전 상대는 오랫동안 목표로 삼아온 최강의 기사 이창호 9단이었다. 당시 이창호 사범님의 위치는 특별했다. 모든 기사의 우상으로서 '구름 위의 존재'라는 표현이 적절하지 않을까? 말 그대로 대국을 펼치기만 하면 우승하던 시절이었다. 나는 각오를 다졌다. 이창호 사범이 아니라 신과 대국을 한다 해도 나의 바둑을 두겠다는 각오였다.

그렇게 해가 바뀌고 2001년 2월 26일 결승 1국, 2월 27일 결승 2국을 치렀다. 놀랍게도 1, 2국에서 내가 연달아 승리했다. 나의 승리는 당시 사람들에게 상당한 충격을 안겨주었다. 단순한 승리가 아니라, 이세돌의 시대가 시작된다는 선포였다.

약 3개월 뒤 결승 3국에서 5국이 이어졌다. 1, 2국 이후 몇 달 간격을 두고 남은 대국을 치르는 방식이었는데, 이렇게 대국 간 기간이 긴 것은 당시는 물론이고 현재까지도 생소한 일이다. 5월에 진행된 3국은 시간이 조금 흘렀지만 다행히 나의 기세는 여전했다. 많은 사람들이 1, 2국을 통해 이세돌의 승리를 확신했다.

나는 이때 단순히 승리 이상의 어떤 것을 생각했다. 당시 내 나이는 열아홉 살. 이창호 9단에게 도전하는 입장이었지만 마음속에서는 최고라는 자부심이 있었다.

드디어 시작된 3국. 나는 속으로 되뇌었다.

'이제 이창호 9단의 시대는 역사 속 한 페이지로 넘어간다.'

당시의 기세, 바둑의 흐름, 분위기가 모두 나를 중심으로 돌고 있었다. 그런데 바로 그때부터 이상한 일이 일어났다. 승리에 대한 확신이 들면서 나도 모르게 '눈앞에 뭔가 아른거리기 시작'한 것이다. 선배 기사님들이 자주 말씀하시던 바로 그것 말이다.

"우승을 앞두면 눈앞에 뭔가가 아른거리더라."

"에이, 그런 게 어디 있어요?"

"아냐, '내가 진짜 되는 건가? 해내는 건가?' 그런 생각이 머릿속을 맴돌면 정말 뭔가가 아른아른해. 그러면 지는 거야."

전에는 그 말을 도무지 이해할 수 없었다. 말도 안 된다고 생각했다. 그런데 그 일이 나에게도 일어난 것이다. 점점 바둑이 잘 안 풀렸다. '진짜 되는 건가?', '해내는 건가?', '우승이 나의 것인가?' 같은 생각이 머릿속을 어지럽히는데 어찌 바둑을 제대로 두겠는가.

결국 나는 역전패당했다. 그리고 3국의 충격에서 벗어나지 못하고 4국은 완패당했다. 마지막 5국에서 기회가 있었으나 착각 때문에 허무하게 패배했다.

3국의 그 중요한 순간, 왜 그리도 생각이 산만해졌을까. 경험이 부족한 탓도 있었을 테지만 그것이 전부는 아니었다. 본질적인 문제는 따로 있었던 것 같다. '상대방을 존중한다'는 바둑의 기본을 놓친 것이다. 상대방에 대한 존중 없이 나에게 도취된 바둑은 결코 성공할 수 없다. 나는 이런 기본조차 놓치는 한심한 존재였다. 2연승 이후 3연패라는 충격적인 결과는 상대방을 존중하지 않은 자의 말로였다.

당시 나는 상대방을 존중하는 마음은 자신감을 떨어뜨리는 행위라고 생각했다. 하지만 이는 어불성설이다. 자신감을 갖는 것과 존중이 무슨 상관이 있겠는가? 나는 찾아온 기회를 발로 차버렸고, 상대방을 존중해야 한다는 기본 자세부터 다시 시작해야 했다.

인생에서도 마찬가지다. 내가 상대를 존중하지 않으면 상대도 나를 존중하지 않는다. 그러면 아무리 능력이 뛰어나도 성공은 요원하다. 바둑의 가치는 상대방을 존중하고 배려하며 자신의 행동에 책임지는 것이라고 배우는데, 이는 인생에서도 통용되는 중요한 가치라고 생각한다. 자신이 존중받지 못한다고 느껴지면 내가 상대방을 존중하고 있는지부터 생각해야 할 것이다.

내가 상대를 존중하지 않으면
상대도 나를 존중하지 않는다.
그러면 아무리 능력이
뛰어나도 성공은 요원하다.

집중력에도 전략이 필요하다

　바둑은 짧게는 여섯 시간, 길게는 일고여덟 시간씩 이어지기도 한다. 그래서 중간에 식사 등을 이유로 경기를 잠시 멈추기도 하는데, 이를 '봉수°'라고 한다. 나는 오래전부터 봉수를 그다지 좋아하지 않았다. 다른 사람들은 이런 나를 보고 "배가 고픈데 어떻게 바둑을 두냐"며 의아해했지만, 나는 그 짧은 휴식이 오히려 손실처럼 느껴졌다. 흐름이 끊기고 맥이 빠지면 다시 몰입하는 데 시간이 오래 걸렸기 때문이다. 집중이란 강물 같아서 한 번 끊어지면 다시 흐르기

○　대국이 중단될 때 다음 수를 둘 대국자가 기보에 착점을 표시하여 밀봉하는 행위 혹은 그 밀봉한 기보를 뜻한다.

까지 기다림이 필요하다.

예전에는 하루를 넘기는 '이틀 바둑'도 있었다. 첫날 둔 뒤 마지막 수를 비공개로 봉수하고, 다음 날 이어가는 방식이다. 깊은 수읽기와 복기를 가능하게 하는 전통적인 형식이지만 나는 이 제도 역시 비합리적이라고 느꼈다. 특히 몰입을 중시하는 내게는 하루 동안 쌓아온 흐름이 끊기는 것이 큰 부담이었다.

매 순간 집중력을 유지할 순 없다

바둑을 둘 때는 한자리에 앉아 수백 번 선택을 해야 한다. 하지만 사람이 긴 시간 동안 100퍼센트 집중력을 유지하는 건 불가능하다. 이것은 인간의 한계인 동시에 인간다운 부분이기도 하다.

인간의 집중력은 유한한 자원이고 쓰면 쓸수록 줄어든다. 그래서 앞서 언급했듯이 집중력을 지혜롭게 배분할 필요가 있다. 유한한 자원을 어떻게 분배하느냐 하는 '운영 능력'이 실력의 차이를 만들기도 한다. 집중력이 10이라면, 어떤 구간에서는 여유롭게 6으로, 어떤 구간에서는 긴장하며 9로, 그리고 결정적인 순간에는 모든 것을 모아 10으로 끌어올리는 것이 필요하다.

어릴 적 나는 이기던 바둑을 마지막 순간에 자주 놓쳤다. 여유롭게 앞서가다가도 막판 한 수 실수로 역전당하는 일이 반복됐다. 복기를 해봐도 이해할 수 없었다. '왜 그 쉬운 수를 놓쳤을까?' 하며 머리를 쥐어뜯었다. 그 이유는 생각보다 단순했다. 실력이 부족했던 게 아니라 집중력이 먼저 바닥나 있었던 것이다. 마라톤에서 초반 5킬로미터를 전력 질주한 선수가 나중에는 에너지가 소진돼 걷게 되는 것처럼. 바둑도 마라톤처럼 초반부터 온 힘을 다하면 후반에는 스퍼트를 낼 여력이 남지 않게 되고 추월당할 위험도 있다.

그런 일을 겪고 난 후 최고의 수를 두기 위해서는 집중력도 전략적으로 써야 한다는 사실을 깨달았다. 무조건 열심히 하는 곰이 아니라 언제 달릴지 계산하고 필요할 때만 전력 질주하는 표범 같은 지혜가 필요한 것이다. 그것이 몰입과 집중력을 영리하게 쓰는 방식이다.

완벽보다 효율이 이긴다

어떤 일에서든 매번 에너지를 100퍼센트 유지하겠다고 마음먹는다면 어떻게 될까? 그랬다가는 금세 지쳐서 아무

무조건 열심히 하는
곰이 아니라 언제 달릴지
계산하고 필요할 때만
전력 질주하는 표범 같은
지혜가 필요하다.

것도 할 수 없게 된다. 회사에서 모든 순간 100퍼센트 몰입하려 한다면? 금세 번아웃이 올 것이다. 모든 프로젝트에 똑같은 열정을 쏟으려 한다면? 정작 중요한 순간에 힘이 빠질 것이다. 중요한 프로젝트에는 상당한 집중력을, 일상적인 업무에는 적당한 집중력을 분배해야 효율적으로 일할 수 있다.

사람과의 관계에서도 마찬가지다. 모든 사람에게 똑같은 관심과 에너지를 쏟는다는 것은 불가능하다. 가족, 친구, 동료, 지인 등 각각의 관계에 따라 적절한 수준의 관심을 분배하는 것이 건강한 인간관계를 유지하는 방법이라 생각한다.

"모든 순간에 최선을 다한다"라는 말은 참 아름답지만 현실적으로는 실현 불가능하다. 선택과 집중을 통해 정말 중요한 순간에 최고의 퍼포먼스를 내는 것이 현실적이다. 집중 에너지를 최고로 가동해야 할 때와 아껴야 할 때를 구분하는 연습을 해보자. 집중력에도 선택과 집중이 필요하다.

둘 자리가 명확하지 않다면 멈추는 게 낫다

　여섯 살 때 아버지와 함께 처음으로 대한민국 수도 서울에 입성했다. 관철동에 자리한 기원을 찾아가기 위해서였다. 배를 타고 바다를 건너 고속버스를 타고 도착한 서울은 낯설고 신기하기만 했다.

　논과 밭이 익숙한 섬 소년에게 서울이 주는 위압감은 대단했다. 높은 건물들이 하늘을 찌를 듯 우뚝 솟아 있고, 도로에서는 끊임없이 자동차 경적 소리가 들렸다. 무서워서 나도 모르게 아버지 손을 꽉 잡았다.

　'아빠 손을 놓치면 안 돼.'

　무엇보다 눈길을 끈 것은 길게 늘어선 노점상들. 떡볶이, 핫도그, 번데기, 가방, 장난감, 그리고 최신 가요가 메들리로 나오고 있었다. 태어나 6년 남짓 산 소년이 경험하지 못한 그야말로 신세계였다.

입을 다물지 못한 채 노점상 물건에 정신이 팔린 사이, 손이 허전했다. 깜짝 놀라 뒤를 돌아보니 아버지가 보이지 않았다. 갑자기 정신이 아득해졌다.

"아빠!"

겁에 질려 불러봤지만 아버지는 보이지 않았다. 내 목소리는 자동차 소음과 카세트테이프에서 흘러나오는 노랫소리에 묻혀버렸다. 사람들은 아무 일 없다는 듯 바삐 제 갈 길을 가고 나는 낯선 도시에서 덩그러니 혼자가 되었다. 신기해 보였던 모든 것이 생소하고 낯설게 다가왔다. 나는 금세 두려움에 휩싸였다.

'아빠를 찾아야 해.'

발걸음을 옮기려는데 문득 아버지 말씀이 떠올랐다.

"세돌아, 혹시 내 손을 놓치면 움직이지 말고 그 자리에 있어. 그러면 아버지가 거기로 찾으러 갈게."

두려움 속에서 아버지가 한 말씀이 떠올랐다. 마음을 추스른 뒤 '지금 내가 할 수 있는 일은 무엇일까?' 하고 생각했다. 그리고 그 자리에 서서 세상이 떠나갈 듯 큰 소리로

울기 시작했다. 멀리서도 아버지가 내 울음소리를 듣고 찾아올 수 있도록 있는 힘껏 더 크게 울었다.

잠시 후, 거짓말처럼 아버지 목소리가 들렸다.

"세돌아!"

바둑을 두다가 돌을 둬야 할 자리가 명확하지 않을 때는 일단 멈춰야 한다. 그게 기본 중의 기본이다. 괜히 서두르다가는 엉뚱한 자리에 돌을 놓을 수 있고 상대가 파놓은 함정에 빠지기 쉽다. 이때 생각 없이 함부로 돌을 놓는다면 바둑 고수가 되기 어려울 것이다. 어렸지만 나는 어렴풋이나마 그걸 알고 있었다. 몸이 감각적으로 기억하고 있었던 듯싶다.

세상 모든 부모가 "엄마 손 놓치면 절대 움직이지 마! 그 자리에 그대로 서 있어"라고 한다. 그런데도 아이들은 막상 길을 잃으면 제자리에 가만히 있지 않는다. 겁이 나고 당황해서 부모를 찾아 헤매다 엉뚱한 곳으로 가는 것이다. 제자리에 있으면 찾기 쉬울 텐데, 어김없이 자리를 옮기는 바람에 길은 어긋난다. 내가 당황스러운 상황에서도 섣불리 움직이지 않을 수 있었던 건 아버지 말씀이 절대적이었던 것

돌을 둬야 할 자리가
명확하지 않으면
일단 멈춰야 한다.
그게 기본 중의 기본이다.

도 있겠지만 바둑을 배운 영향도 있을 거라고 생각한다.

길을 잃었을 땐 잠시 멈춰야 한다

바둑을 둘 때 섣불리 움직이는 건 마치 혼자 바둑을 두는 것과 같다. 상대의 수를 깊이 읽지 못한 채 경솔하게 돌을 놓는 순간, 그 한 수가 순식간에 판 전체를 무너뜨릴 수 있다. 인간이기에 어쩔 수 없이 실수를 하지만 생각하지 않은 채 행동으로 옮겨서 실수하는 건 자신을 해치는 것과 다름없다. 장고 끝에 악수를 두어서도 안 되겠지만 경솔하고 섣부른 행동을 하기보다 신중하게 생각하는 편이 낫다. 생각이 있기에 행동도 있는 것이다.

바둑판 위에서는 단 한 수로 흐름이 완전히 뒤집힌다. 경솔한 수는 언제나 대가를 치르게 되어 있다. 프로 바둑 기사로서 지금까지 그런 순간을 수도 없이 겪어왔다. 때로는 단단하게 자리한 돌들이 섣불리 놓은 돌 하나 때문에 와르르 무너지기도 한다. 감정에 휘둘리거나 불안함이 앞서 손이 먼저 나가면 그 돌은 반드시 약점이 된다. 바둑은 느리지만 냉정한 싸움이다.

"헤매는 자 모두가 길을 잃은 것은 아니다."

유명한 판타지 소설 『반지의 제왕』에 나오는 구절이다. 여기서 헤맨다는 것은 무작정 방황한다는 뜻이 아니다. 나의 지향점, 즉 목적지로 가기 위해 애써 길을 찾는다는 뜻이다. 목적지로 향하는 길이 잘 보이지 않거나 빠져나오기 어려운 길목에 갇혀 있을 때 잠깐 멈춰서 어디로 가야 할지 방향을 찾는 것은 중요하다. 바둑판에서는 물론 낯선 길목에서나 인생 앞에 놓인 선택의 순간에도.

우리는 매일 선택 앞에 선다. 크든 작든, 그 선택이 쌓여 지금의 삶이 되고 앞으로 나아갈 방향이 된다. 그래서 나는 어떤 상황이든 먼저 차분히 생각하려 한다. 중요한 건 속도보다 방향이다. 길을 잃었을 때는 잠시 그 자리에 멈춰 서 있는 것도 괜찮다.

승부의 아이러니, 허무한 실수에서 승패가 갈리다

전쟁이 한창이던 어느 날 아침, 한 기사가 말을 타고 전쟁터로 나가려 했다. 갑옷은 번쩍였고, 검은 날카로웠으며, 전략도 완벽했다. 그런데 말편자에서 작은 못 하나가 빠져 있었다. 말에 편자를 댄 대장장이는 '설마 못 하나 때문에 무슨 일이 생기겠어'라고 생각했다.

그런데 기사가 적진을 향해 돌진하는 순간, 말발굽이 흔들리기 시작했다. 곧이어 편자가 떨어져 나갔고 말은 비틀거리다 쓰러졌다. 기사는 적진 한가운데 떨어졌고 그 광경을 본 아군은 당황했다. 지휘관을 잃은 부대는 끝내 흩어질 수밖에 없었고 승리를 확신했던 전투는 참패로 끝났다. 그것으로 끝이 아니었다. 하나의 패배가 전쟁 전체의 판도를 바꿨고 결국 나라의 운명까지 갈라놓았다. 대장장이의 안이한 생각으로 시작된 일이었지만 결국 장비를 확인하지 못한 기사의 실수였다.

작은 구멍이 배를 가라앉게 한다

"치열한 전략과 수싸움 끝에 패하면 어떤 기분인가요?"

이런 질문을 종종 받는데, 그럴 때면 나는 이렇게 대답한다.

"사실 결정적인 전략이나 수가 먹혀들지 않아서 지는 경우는 상대적으로 괜찮습니다. 단순한 실수 하나로 판이 끝나는 경우가 (승패를 떠나서) 심적으로 매우 힘듭니다."

그런데 의외로 이런 대국이 많다. 왜 실수를 하게 될까? 방심하거나 자만해서는 아니다. 마음이 불안하거나 집중력이 떨어진 것도 이유겠지만 결정적으로 생각을 너무 깊게 한 탓이다. 한정된 시간에 많은 수읽기를 해야 하는 프로가 가끔씩 허무한 실수를 하는 것이다.

상대로 하여금 감탄을 자아내는 창의적이고 기발한 수, 자신의 모든 것을 던진 승부수로 승패가 갈릴 거라고 기대했던 이들에게는 실망스러운 답변일 수도 있겠다. 어쨌든 승부의 아이러니는 바로 여기에 있다. 상당한 비율로 승패가 단순하고 허무한 실수에서 갈린다는 점 말이다.

<u>수십 수를 정밀하게 계산하고 형세를 조율해 쌓아 올린 전략이 아주 단순한 착각 하나에 무너질 때가 있다.</u> 그럴 땐 애써 담담한 척해도 허무한 마음이 드는 것은 프로라 해도 어쩔 도리가 없다. 마찬가지로 상대방이 허무한 실수를 하는 경우에도 "아…" 하는 탄식이 절로 나온다. 승리의 기쁨이 아니라 같은 프로 입장에서 생각했을 때 아쉬운 마음이 앞서기 때문이다. 이 한 판에 얼마나 많은 수담을 나누었는가. 이 판에서의 수담은 이제 없다. 바둑에서 승패란 수담을 나누다 따라오는 하나의 부산물인데, 허무한 실수로 판이 끝나는 상황을 좋아하는 프로는 없다.

겉으로는 사소해 보이는 실수, 방심해서 그냥 넘어간 착점°, '이 정도는 괜찮겠지' 했던 수 하나가 판 전체를 무너뜨리는 것을 수도 없이 경험했다. 거창한 전술보다 더 무서운 건 작은 방심이고, 진짜 승패를 갈라놓는 건 언제나 그 '예상치 못한 구멍'이었다. 바둑도, 인생도 그런 것 같다. 성실히 공부하고 열심히 잘 살아오다가도 단 한 번의 잘못된 선

° 바둑에서 착수한 돌 또는 그 지점.

택으로 삶의 흐름 전체가 바뀌는 경우를 본다. 작은 실수 하나가 오래 준비한 판을 어이없이 무너뜨리는 것처럼.

　수년간 쌓아온 신뢰가 한순간의 거짓말로 무너지는 걸 보기도 하고, 차근차근 모아온 돈이 성급한 판단으로 사라지는 일도 있다. 오랫동안 이어온 관계가 순간의 분노로 끝나기도 하고, 건강을 자신하며 무리했다가 몸이 갑작스레 무너지는 경우도 있다. '이번 한 번만'이라는 안일함이 돌이킬 수 없는 결과를 낳기도 한다.

　더 아이러니한 건 우리가 대부분 그런 위험을 미리 알고 있다는 사실이다. 머리로는 위험하다는 걸 알면서도 '나는 괜찮을 거야', '이 정도는 문제없어' 하고 안일하게 대처해 안 좋은 결과로 이어진다.

　좋아하는 사람이 생기면 그 사람이 좋아하는 일을 하기보다 싫어하는 일을 하지 말라는 말을 들은 적이 있다. 적극적으로 무언가를 더하기보다 위험 요소를 빼는 것이 더 현명할 때가 많다는 뜻이지 싶다. 성공을 위해 야심 찬 시도를 하는 것보다 작은 실수 하나를 막는 게 더 중요한 순간이 있다는 걸 스스로에게 상기시키면 좋겠다. 배를 침몰시키는 건 커다란 폭풍이 아니라 보이지 않는 작은 구멍이니까.

　허무한 실수를 한 것과 반대로 인생에서 무언가를 운 좋게 얻는 경험을 할 수도 있다. 그럴 땐 한번 생각해보라. 무언가를 얻기 위해 자신이 잡을 수 있는 기회를 놓쳤을 수 있다. 스스로 행운을 만드는 경우가 있지만 그저 운 좋게 얻은 것은 인생이 파놓은 함정일 수도 있다. 나는 개인적으로 운 좋게 얻었다면 그것은 아직 자신의 것이 아니라고 생각한다. 자신의 것으로 만드는 과정, 즉 자신의 행동으로 얻은 것이 진짜 자신의 것이다.

　말편자 이야기에서 얻을 수 있는 교훈은 결국 자신이 책임을 져야 한다는 사실이다. 한 대장장이의 안이함에서 출발했지만 한 나라가 망하게 된 것은 명백히 기사의 잘못이다. 자신에게 일어난 모든 일은 자신에게 책임이 있다. 불합리한 경우를 당했다 하더라도 말이다. 불합리와 싸우는 것도 결국 자신이기 때문이다.

　사회는 합리적이지 않다. 불합리한 일이 늘 일어나는 곳이 우리가 살아가는 사회다. 물론 불합리한 경우를 줄여나가야겠지만 최소한 현재는 그렇다. 불합리한 상황에서 자신만의 합리성으로 이겨내고 나아가야 한다. 불합리는 효율적인 면에서 합리를 이길 수 없다. 이 사실을 기억한다면 불합리한 사회에서 자신만의 합리성을 지킬 수 있을 것이다. 불합리와 타협하면 편할 수 있지만 자신의 삶을 포기하는 것과 다름없다.

진짜 승패를 갈라놓는 건
언제나
'예상치 못한 구멍'이었다.

상황은 바꿀 수 없어도 내 마음은 바꿀 수 있다

목포였던 걸로 기억한다. 호텔에서 중요한 대국이 한창 진행 중이었다. 돌을 들고 다음 수를 읽는 순간, 창 너머에서 요란한 트로트 음악이 들려왔다.

"누구를 기다리나 낭랑 18세~!"

호텔 근방에서 축제가 열렸던 모양이다.

익숙한 멜로디, 쿵쾅대는 진동이 대국장 안으로 파고든 순간, 바둑판만 보며 몰입하던 내 머릿속이 헝클어지고 말았다. 흐름이 뚝 끊긴 것이다. 마치 잔잔하던 수면 위에 커다란 돌을 던진 것처럼. 한번 거슬리기 시작한 음악 소리는 귀를 날카롭게 파고들었다. 집중은 깨졌고 마음은 어느새 바둑판 밖에서 흔들리고 있었다.

경기가 끝난 뒤에도 마음이 쉽게 가라앉지 않았다. 얼굴은 굳었고 속은 부글부글 끓었다.

'어떻게 이런 환경에서 바둑을 두란 말이지?'

짜증은 패배와 함께 더욱 짙어졌다. 패배했다는 것보다 흐름을 잃고 흔들렸다는 사실이 더 뼈아팠다. 시끄러운 음악만 아니었다면. 산만한 분위기만 아니었다면. 내심 모든 책임을 소음 탓으로 돌리고 있었다. 하지만 곰곰이 생각해보니 결국 생각하기 나름이었다.

처음엔 '대국이 펼쳐지는 환경이 이렇게 산만해서는 안 되는 거 아닌가' 하는 반감이 생겼지만, 시간이 지날수록 단순한 진실이 마음에 남았다. 생각해보니 나에게만 들린 소음이 아니었다. 상대도 같은 장소에서 같은 음악을 들으며 경기를 치르지 않았나.

나 혼자만 불리한 상황에서 경기를 치른 불공정한 게임이 아니었다. 그날 경기에서 차이가 있었던 건 그 상황을 받아들이는 태도였을 뿐이다.

바꿀 수 있는 건 오직 나 자신뿐

나는 바둑을 둘 때면 누구보다 예민해진다. 특히 데뷔 초반엔 칼날처럼 날카로웠다. 몰입하는 데 방해받는 걸 견디지 못했다. 그랬기에 그날 들린 노래와 소음은 경기를 망치는 방해물이 될 수밖에 없었다.

그러나 생각을 정리한 후부터 마음가짐을 조금씩 바꾸기 시작했다. 내가 바꿀 수 없는 외부 자극에 계속 휘둘릴 수는 없었기 때문이다. 몰입은 환경이 완벽해질 때 주어지는 것이 아니라 내 안에서 만들어내야 한다는 것도 깨닫게 되었다.

이는 바둑판 위에서만이 아니다. 우리 삶에서 언제든 원치 않는 일, 생각하지 않은 난감한 일이 벌어지곤 한다. 그때마다 짜증과 화를 낸다고 해결되는 일은 없다. 나만 손해일 뿐. 그래서 상황이 아니라 그 상황을 대하는 태도를 다스리기로 했다.

운동선수들이 일부러 시끄럽거나 방해 요소가 많은 환경에서 훈련한다는 이야기를 들은 적이 있다. 고도의 몰입이 필요한 양궁 선수는 음악을 틀어놓고 화살을 쏘고, 테니스 선수는 실제 대회처럼 카메라 셔터 소리와 관중의 소음을 재현해 연습한다고 한다. 실전에서 집중력과 멘탈을 지키기 위한 훈련이다.

몰입은 환경이 완벽해질 때
주어지는 것이 아니라
내 안에서 만들어내야 하는
것이었다.

외부의 작은 변수에 쉽게 흔들린다면 당연히 좋은 성과를 기대하기 어렵다. 나 역시 그런 영향으로부터 스스로를 지켜야겠다고 생각했다. 루틴이나 징크스에 기대지 않으려 하는 것도 그런 이유에서다. 어떤 습관에 의존하기 시작하면, 그것이 무너졌을 때 나 자신도 함께 흔들릴 수 있기 때문이다. 또 예기치 않은 상황에는 굳이 의미를 부여하지 않으려 했다. 예상하지 못한 변수가 생겨도 그냥 그런가 보다 하고 흘려보내려 애썼고, 일희일비하지 않음으로써 마음의 중심을 지키려는 태도를 취했다.

완벽한 조건을 갖추기보다 어떤 상황에서든 내 리듬을 지켜낼 수 있도록 내면을 강화하는 데 집중한 것이다. 트로트 음악이 울려 퍼지든, 날씨가 흐리든 맑든 그런 것은 내 손 밖의 일이다. 내가 어찌할 수 없는 일이라는 뜻이다. 하지만 마음만큼은 내 의지로 바꿀 수 있다. 결국 우리가 바꿀 수 있는 것은 우리 자신뿐이다.

루틴이 없는 것이
루틴이다

 스페인의 전 테니스 선수 라파엘 나달은 '루틴 부자'로 유명하다. 서브를 넣기 전에 라인을 정리하고, 양발을 다듬은 뒤 바지를 고쳐 입고, 손으로 어깨와 귀, 코를 일정한 순서로 만진다. 이 모든 과정을 거쳐야 비로소 서브를 넣는다. 나달은 이 반복적인 루틴이 '머릿속에 질서를 세우는 법'이라고 말한다. 이 정도면 루틴 부자가 아니라 루틴 재벌이다.
 나달뿐만 아니라 상당수의 운동선수가 루틴을 중요하게 여긴다. 축구 선수 크리스티아누 호날두는 경기장에 들어설 때 항상 오른발부터 딛고 들어가며 테이핑도 오른쪽부터 시작하는 습관이 있다. 마이클 조던은 NBA 시절 대학

다닐 때 입었던 노스캐롤라이나대학교 반바지를 경기복 안에 챙겨 입었다고 하는데, 아마도 이들에게는 작은 습관이 자신감을 불어넣는 장치인 듯싶다.

루틴에 얽매이는 대신 자신감을 심다

경기를 앞둔 이들이 흔히 의지하는 심리적 장치 중 하나가 루틴과 징크스다. '시계에 특정 숫자가 뜨면 불길하다', '경기 전에는 음식을 먹지 않는다' 같은 징크스도 있다.

어릴 적엔 나도 그런 게 조금 있었다. 하지만 루틴이나 징크스가 생기기 전에 그런 것을 없애려고 노력했다. <u>사소한 습관에 의미를 부여하는 것이 마음에 들지 않았기 때문이다. 그런 것에 의미를 부여한다면 스스로에 대한 믿음도 함께 흔들릴 수 있다고 생각해 의식적으로 통제했다.</u> 루틴을 없애고 만들지 않는 것이 나의 루틴이자 나를 지키는 방법이 되었다.

루틴이나 징크스는 대부분 특별한 근거나 논리보다 어느 순간부터 자연스럽게 반복되며 습관처럼 자리 잡는 경향이 강하다. 그런데 그게 점점 스스로의 판단이나 컨디션까지 좌우하기 시작하면 조심스러워진다. 솔직히 말하면

선을 밟았다고, 특정 티셔츠를 입었다고 승부가 달라지는 것도 아니니까 말이다. 적어도 나는 그랬다.

그래서 그런 작은 변수에 마음이 흔들리지 않도록 처음부터 루틴이나 징크스를 만들지 않으려 했다. 습관으로 고착되기 전에 미리 선을 긋는 것이 좋겠다고 생각했기 때문이다.

물론 누군가에겐 루틴이나 징크스가 심리적 지지대가 되기도 할 것이다. 그런 방식이 마음을 다잡고 집중력을 끌어올리는 데 도움이 된다면 충분히 의미 있는 선택이라고 생각한다. 나달처럼 세계적인 선수들이 각자의 루틴을 전략처럼 활용하는 걸 보면 나와는 다른 방식이지만 나름의 이유가 있다는 걸 느낀다. 결국 중요한 건 어떤 방식이든 자신에게 잘 맞는 걸 찾아가는 일일 것이다. 나는 단지 나에게 가장 잘 맞는 길을 택했을 뿐이다.

루틴과 징크스를 피하는 대신 나는 스스로에게 자신감을 심어주는 방식을 택했다. 대국을 앞두거나 중요한 일이 있을 때면 거울 앞에 서서 "나는 최고야", "잘할 수 있어"라고 중얼거렸다. 누군가에겐 유치해 보일지 모르지만 나를 다독이고 용기를 심어줌으로써 마음을 다잡는 효과가 있었다. 일종의 자기 확언, 잠재의식에 심어주는 긍정 메시지라고 해도 좋겠다.

자신에게 맞는 길을 찾는 것이 루틴이다

바둑을 둘 때도, 삶을 살아갈 때도 우리는 종종 실수를 한다. 중요한 건 그 실수를 어떻게 회복하느냐다. 무조건 덮어두고 잊는 것이 회복은 아니다. 진정한 회복은 실수를 인정한 뒤 다음 수를 준비하는 것에서 시작된다.

문제는 실수의 원인을 징크스나 루틴 탓으로 돌릴 때다. '오늘 왼발부터 들어서서 그런가?', '선을 밟았나?', '입으면 안 되는 셔츠를 입었나?' 같은 이유를 찾기 시작하면 책임이 점점 내 바깥으로 흘러간다. 그렇게 되면 정작 중요한 판단력이나 감각은 돌아보지 못한다.

무엇보다 실수나 실패의 진짜 원인을 제대로 파악할 수 없다는 점에서 더 우려스럽다. A에 문제가 있는데 B나 C에서 원인을 찾으면 그 문제는 영원히 해결할 수 없다. "원인을 항상 외부에서 찾는 사람은 평생 같은 문제를 반복한다"라는 말이 있다. 내가 루틴이나 징크스를 경계하는 이유 중 하나다.

지금도 나는 어떤 루틴이나 징크스 없이 살아가고 있다. 여전히 나를 믿고 내 감각에만 의지한다. 그리고 무엇보다 중요한 건, 이 방식이 나에게 잘 맞는다는 점이다.

루틴이나 징크스가 있어도 좋고 없어도 좋다. 옳고 그름의 문제도, 좋고 싫고의 문제도 아니기 때문이다. 중요한 것은 자신에게 맞는 길을 찾는 것이고, 그게 진짜 자신만의 루틴이다.

"원인을 항상 외부에서 찾는 사람은 평생 같은 문제를 반복한다"라는 말이 있다. 내가 루틴이나 징크스를 경계하는 이유 중 하나다.

Sedol's Comment
명국은 없다,
그러나 우리는 둔다

바둑은 자신과의 끊임없는 약속이다. 자신보다 더 강한 상대를 언제까지 넘어서겠다는 목표를 정하고, 그 목표를 지키기 위해 매일같이 바둑판 앞에 앉는다. 그 과정에서 우리는 수많은 도전을 마주한다. 어렵고 낯선 수읽기도 반복해서 시도하다 보면 결국 해낼 수 있게 된다. 도전은 곧 자신의 한계점을 높이는 과정이며, 이는 단순히 이기기 위한 수단이 아니라 성장을 위한 여정이기도 하다.

그러나 도전만으로 모든 것이 가능하진 않다. 아무리 필사적으로 노력해도 넘을 수 없는 벽이 있다면, 그것은 어쩌면 자신에게 맞지 않는 길일지도 모른다. 바둑은 냉정한 세계다. 재능이 99퍼센트를 차지한다고 말할 만큼, 타고난 소질이 중요한 영역이기도 하다. 그래서 우리는 자기 자신을 냉정하게 바라봐야 한다. 최선을 다한다고 반드시 이루어지는 시대는 지나갔다. 이제는 '잘하는 사람'이 필요하다.

그렇기에 자신에게 맞지 않는 일을 하고 있다면, 최대한 빨리 자신의 재능을 발휘할 수 있는 길을 찾아야 한다. 제삼자의 평가에 휘둘리지 말고 오직 자신만의 바둑, 자신만의 길을 찾는 것이 중요하다.

그렇다면 우리가 바둑을 통해 이루고자 하는 궁극의 목표는 무엇일까? 그것은 바로 '명국'이다. 한 수에 자신의 정체성을 담아 던지는 것이 승부수라면, 명국은 두 기사가 자신의 정체성을 실수 없이 조화롭게 표현해낸 예술 작품이다. 하지만 아직까지 명국은 존재하지 않는다. 너무나도 이루기 어렵기 때문이다. 자신의 정체성을 온전히 드러내는 것도 어려운데, 여기에 상대의 정체성까지 어우러져야 한다. 바둑은 둘이서 만들어내는 하나의 작품이며, 단순한 분업이 아닌 진정한 협업이 필요하다.

그래서 많은 프로 기사들은 명국을 '신기루'라고 부른다. 하지만 그 신기루를 좇는 여정에 멈춤은 없다. 비록 쉽게 닿을 수 없는 세계일지라도, 그 방향으로 나아가는 과정 자체가 의미 있다고 믿는다. 도달할 수 없기에 포기하는 것이 아니라, 도달할 수 없더라도 그 길을 걸어야 한다. 그것이 프로 기사의 자세이고, 바둑이라는 예술을 대하는 우리의 태도다.

　우리는 도전한다. 자신의 재능을 냉정히 들여다보며, 자신에게 맞는 길에서, 언젠가 명국이라는 신기루에 닿을 날을 꿈꾸면서.

3장

상식을 뒤엎어야 길이 보인다

신중함은 때론 독이 된다

"망설이는 호랑이는 벌보다 못하다."

『사기』의 저자로 유명한 사마천이 한 말이라고 한다. 바둑에서 가장 위험한 순간은 언제일까? 바로 이기고 있을 때다. 승리가 눈앞에 보일 때 우리는 자주 스스로를 의심한다. 더 확실한 길을 찾으려 하고, 더 완벽한 판단을 내리려 애쓴다. 하지만 신중함이 때로는 가장 큰 독이 되기도 한다. 결정적인 순간에는 완벽한 수보다 과감한 수가 승부를 가르기 때문이다.

이기고 있을 때 찾아오는 위기

2004년 바둑계에서는 쿵제孔杰가 차세대 중국 바둑을 이

끌어갈 주역으로 주목받고 있었다. 중국 바둑 특유의 두터움을 바탕으로 단단하면서도 결코 느리지 않은 자신만의 바둑을 구사했고, 그 기세 또한 놀라웠다. 각종 세계 대회에서 좋은 성적을 거두며 상승세를 이어가던 그는 토요타 덴소배에서도 4강까지 별다른 위기 없이 파죽지세로 올라왔다.

쿵제의 바둑은 안정과 공격성을 동시에 갖추었고, 그 모든 것은 자신이 세계 정상에 오를 준비가 되었음을 선언하는 듯했다. 그에 반해 당시 내 상황은 결코 좋지 못했다. 바둑 내용은 물론이고 각종 기전에서의 성적도 바닥을 치고 있었다. 슬럼프에 빠진 이후 국제 기전 준결승은 처음이었기에 중요성은 남다를 수밖에 없었다.

그렇게 맞이한 4강전. 내게는 슬럼프를 벗어날 절호의 기회이자 어쩌면 마지막 기회일 수도 있었다. 벼랑 끝에서 마주한 일전이었다.

기세와 컨디션 모두 절정이었던 쿵제가 초반부터 흐름을 주도했다. 문제는 바둑 형세가 아니라 완벽히 쿵제의 바둑 스타일로 대국이 흘러가고 있다는 점이었다. 그것이 나를 더 힘들게 했다. 나는 때 이른 비세° 속에 나의 흐름으로 돌리려 전단°°을 구하고 기회를 엿보았다. 하지만 좀처럼 틈이 보이지 않았다. 사실상 역전은 어렵겠다 싶었다. 나는 마음속으로 패배를 준비했다. 당시만 해도 '이 판은 여기까지구나'라는 체념이 강하게 밀려들었다.

그런데 여기서 흥미로운 장면이 펼쳐졌다. 나는 사실상 포기에 가까운 상태였지만, 상대였던 쿵제는 그 상황을 전혀 다르게 받아들이고 있었다. 너무도 편안하게 앉아 있는 내 모습에 그는 뭔가 이상함을 느꼈던 모양이다.

'형세가 안 좋은데, 왜 저렇게 평온할까?'

'내가 뭔가 놓친 건 아닐까?'

추측건대 아마도 이런 의문을 품은 듯했다.

그때부터 쿵제는 반복해서 형세 판단을 하기 시작했다. 당시 무서운 기세를 보이던 쿵제가 어떠한 이유에서 자기 확신을 갖지 못하고 망설였는지 알기 어렵다. 하지만 그 망설임은 쿵제에게 돌이킬 수 없는 악몽을 선사했다.

° 형세가 좋지 않음을 이르는 말.
°° 궁하거나 대세에 뒤질 때 상대 세력에 강하게 접촉해 끄집아내는 싸움의 실마리.

바둑에서 형세 판단은 매우 중요하다. 지금 어떤 상황인지 정확히 아는 것이야말로 다음 수를 어떻게 둘지 결정하는 데 핵심이 되기 때문이다. 하지만 형세 판단은 도구이지 그것 자체가 목적이 되어서는 안 된다. 상황을 판단한 후에는 결단을 내려야 한다. 계속해서 형세만 판단하는 것은 자기 확신의 부재에서 비롯된 것이며, 그런 상태에서는 좋은 수를 두기 어렵다.

쿵제의 패착은 상대방인 나를 너무 의식했다는 것이다. 그래서 중요한 분기점인 이 대국을 놓치고 말았다. 그날 쿵제는 정말 훌륭하게 바둑을 이끌었다. 초반부터 막바지에 이르는 순간까지 쿵제의 바둑이었다. 그의 패배는 승리가 거의 확정된 상태에서 이루어진, 프로의 세계에서 보기 힘든 대역전이자 충격과 공포의 결말이었다.

반면 그 역전승은 내게 중요한 전환점이었다. 덕분에 나는 깊은 슬럼프에서 빠져나와 다시 도약할 수 있었다. 안타깝게도 쿵제에게 그 패배는 오래도록 영향을 미친 것 같았다. 이후에도 나와 치른 경기에서 두 번 정도 더 역전패를 당했는데, 첫 패배가 꽤 오래 그를 괴롭혔던 것이 아닌가 짐작해본다.

나를 믿지 못할 때 심리적 역전이 일어난다

바둑이든 인생이든, 자신의 형세를 정확히 아는 일은 무척이나 중요하다. 현재 상황을 제대로 인식해야 좋은 판단을 할 수 있다. 아무리 좋은 능력을 갖추어도 생각을 지나치게 많이 하거나 완벽해지려는 압박을 느끼면 오히려 판단력을 흐리는 독이 된다. "장고 끝에 악수 둔다"라는 말이 괜히 있는 것이 아니다.

이 경기에서 흥미로운 점은 예상치 못한 심리적 역전이 일어났다는 것이다. 패배를 인정하고 받아들인 내 상황이 상대방에게는 '여유로움'으로 다가온 듯한데, 그 모습이 역설적으로 위협적으로 느껴졌나 보다.

때로는 너무 많이 생각하는 것보다 과감한 결단이 더 중요할 때가 있다. 완벽한 판단을 추구하다가 정작 행동할 타이밍을 놓치는 경우가 그렇다. 세상 모든 일이 그렇듯 변수를 전부 계산할 수 없으며 완벽한 상황이란 존재하지 않는다.

그럼에도 우리는 선택해야 하고, 앞으로 나아가야 한다. 그 순간 가장 믿을 수 있는 것은 결국 자기 자신뿐이다. 신중함은 중요하지만 행동할 수 없다면 무슨 소용인가. 자기

변수를 전부 계산할 수 없으며
완벽한 상황이란 존재하지
않는다.

가장 믿을 수 있는 건
자기 자신뿐이다.

자신을 맹신하는 것은 위험하지만, 자기 자신을 믿지 못하면 어떤 일도 할 수 없을 것이다.

너무 많은 경험은 나를 옭아매기도 한다

"경험은 최고의 스승이다."

반복과 시행착오를 통해 얻는 경험이 많을수록 더 많은 지혜를 얻을 수 있다는 뜻이 담긴 말로, 만고의 진리처럼 받아들여지곤 한다. 실제로 대부분의 경우 경험이 도움이 되는 건 사실이다. 하지만 문득 이런 의문이 들었다. 경험이 많다는 게 반드시 긍정적으로만 작용할까?

사실 나는 생각이 조금 다르다. 물론 경험은 중요하다. 하지만 그것이 지나치면 고정관념이나 편향을 강화하고, 실패 경험이 강하게 새겨지면 또 다른 족쇄로 작용하기도 한다. 그동안 수많은 대국을 치르며 경험이 깊이를 만들기도 하지만 망설임을 만들기도 한다는 걸 조금씩 알게 되었다.

경험은 무기가 되기도 하고, 짐이 되기도 한다

어떤 면에서 보자면 바둑은 실패를 통해 성장하는 게임이다. 누구든 예외는 없다. 세계 최정상의 바둑 기사라도 모든 대국을 이길 수 없으니 말이다. 수많은 승부를 치르다 보면 반드시 패배와 마주하게 된다. 승률 80퍼센트조차 결코 쉬운 수치가 아니다. 이긴 판도 많지만 진 판도 결코 적지 않다.

바로 이 지점에서 경험이 많다고 반드시 유리한 것만은 아니라는 사실이 드러난다. 실패를 통해 배우기도 하지만, 그 실패가 너무 깊게 각인되면 오히려 판단을 흐리고 집중을 방해할 수 있기 때문이다. 나도 과거의 실수, 아팠던 한 수, 놓쳤던 승부가 문득 떠오를 때가 있었다. 그런 기억이 올라올 때면 대국을 앞두고 괜히 조심스러워졌고, 수 하나를 두는 데도 망설임이 길어지곤 했다.

일상이나 직장에서도 비슷한 상황은 흔하다. 발표할 때 실수를 반복했던 사람이라면, 그다음부터는 말문을 열기 전부터 주눅이 들게 마련이다. 고백할 때마다 거절당한 사람은 언젠가부터는 마음이 있어도 표현조차 하지 못하게 된다. 낯선 곳에서 길을 헤매거나 사고를 낸 사람은 다시는 운전대를 잡지 않으려 한다.

　실패나 부정적 경험은 마음을 움츠러들게 하고, 서서히 행동의 폭까지 좁혀간다. 경험은 언제나 기억을 남기고, 그 기억은 감정을 흔드는 진원지가 된다. 시간이 흘렀는데도 여전히 생생한 기억, 그날의 표정, 그때의 말투는 마음속 어딘가에 깊이 남아 무의식적 판단에까지 영향을 미친다.

　경험은 분명 든든한 자산이다. 하지만 언제나 그렇다고 단정할 수는 없다. 때론 그 자산이 나를 묶는 족쇄가 되기 때문이다.

　물론 모든 경험이 짐이 되는 것은 아니다. 실수를 피하게 돕고 긍정적인 방향으로 상승하도록 도와주기도 한다. 나에게도 그런 순간이 몇 번 있었다. 그중 하나는 2000년 7월부터 2001년 3월까지 이어진 32연승이다. 국내외 기전을 가리지 않고 대국이 이어졌고, 하나둘씩 이기다 보니 어느새 32연승이라는 숫자가 남았다. '불패소년'이라는 별명이 붙은 것도 이때다.

　그 시기에는 바둑이 유난히 잘 보였다. 수가 자연스럽게 떠오르고 형세 판단도 흔들림 없이 이어졌다. 체력적으로는 힘들었지만 집중력은 오히려 더 날카로워졌다. 막 세계

무대에 발을 내딛던 때였고, 바둑과 삶 전체의 리듬이 잘 맞아떨어진 시기였다. 마음이 안정되면서 바둑에서도 기세가 강해졌던 것 같다.

32연승은 단순한 기록이 아니라 나를 끌어올려준 경험이었다. '내가 잘 가고 있구나'라는 감각. '이제는 나도 제대로 승부를 볼 수 있겠다'는 자신감. 그런 확신이 그 시기에 강하게 자리 잡았다. 나중에 돌이켜 봐도 그때의 바둑은 정말 좋았다. 단순히 성적 때문이 아니라 나 자신을 믿을 수 있는 시기였기 때문이다.

성공 경험이 또 다른 성공을 부른다는 이야기를 들은 적이 있다. 뇌 과학에서도 그런 메커니즘이 존재한다고 한다. 어떤 선택이 좋은 결과로 이어지면 그 기억이 뇌에 각인되고, 비슷한 상황에서 다시 그 흐름을 만들 가능성이 높아진다는 것이다.

바둑도 마찬가지다. 잘 두었던 대국, 좋은 결과를 낸 흐름은 쉽게 잊히지 않는다. 다음에 비슷한 장면이 재현되면 그 감각이 자연스럽게 떠오른다. 다시 말해 '성공의 감각'이 몸 안에 차곡차곡 쌓이는 셈이다.

결국 좋은 흐름이라는 건 우연이 아니라, 그런 기억들이

잘 두었던 대국, 좋은 결과를 낸
흐름은 쉽게 잊히지 않는다.
'성공의 감각'이 몸 안에
차곡차곡 쌓이는 셈이다.

만들어낸 결과일지도 모른다. 그것이 내가 "승리에서 더 많은 걸 얻는다"라고 말하는 이유다.

많이 겪는다고 많이 아는 건 아니다

내겐 오히려 많은 경험이 판단을 흐리게 만드는 순간도 있었다. 그래서 한때는 1년에 50국 정도만 두면 좋겠다고 생각했다. 보통 프로 기사들은 70~90국 이상을 두기도 한다. 대국이 많아질수록 승패의 기억이 쌓이고, 그 기억들이 내 수를 재촉하거나 주저하게 만들곤 했기 때문이다. 특히 실수했던 장면은 또렷하게 기억에 남는다. 좋은 수를 많이 뒀음에도 마음에 남는 건 몇 번의 아쉬운 순간이었다. 결국 중요한 건 경험의 양이 아니라 그 경험을 어떻게 받아들이고 활용하느냐가 아닐까 싶다.

앞서 언급한 2001년 LG배 결승이 떠오른다. 상대는 이창호 9단. 초반 두 판을 연달아 이기며 흐름을 잡았지만 이후 세 판을 내리 지며 무너졌다. '혹시 내가 우승하는 건가?'라는 생각이 드는 순간부터 머릿속이 헝클어졌고 경기가 풀리지 않았다. 그 시점부터 경기가 내 손에서 멀어졌다. 자신감이 빠져나간 자리에 불안이 들어찼고, 흔들린 마음이 결국 대국의 흐름을 놓치게 만들었다.

1년 뒤 2002년 후지쯔배 결승. 유창혁 9단과의 대국은 반집 차 승부였다. 흐름이 크게 뒤집히진 않았지만, 앞서 이창호 9단과 대국한 경험이 없었다면 그 판도 지켜내지 못했을지 모른다. 그때의 패배가 결국 도움이 된 셈이다. 하지만 단순히 시간이 지나고 경험이 쌓였기 때문만은 아니었다. 돌아보고, 복기하고, 같은 실수를 반복하지 않으려고 애쓴 과정이 있었기에 가능한 일이었다.

두 대국에서 나는 중요한 걸 배웠다. 경험은 단순히 시간이 흐른다고 쌓이는 것이 아니란 것을. 많은 일을 겪었다고 해서 다 도움이 되는 것도 아니란 사실을 말이다.

경험은 분명 좋은 스승이지만 때로는 그 경험이 그림자처럼 따라붙어 움츠러들게 하고 망설이게 만들기도 한다. 중요한 건 얼마나 많은 경험을 했느냐가 아니라, 그 순간을 어떻게 지나왔느냐. 수많은 갈림길 앞에서 망설이지 않고 한 수를 둔 적이 있었는지, 두려움을 무릅쓰고 끝까지 책임졌던 기억이 남아 있는지. 그런 경험만이 흔들릴 때 나를 지켜주는 중심이 된다.

자신만의 해답을 찾아가는 시간

　바둑은 철저히 '혼자 생각하는 힘'이 중요한 게임이다. 조훈현 국수부터 이창호 사범, 그리고 지금의 신진서 9단까지 바둑 고수들의 공통점은 뚜렷하다. 기본기는 스승에게 배웠지만 승부의 순간에는 오롯이 자신만의 판단으로 길을 찾아갔다는 점 말이다.

　그들에게는 누구에게도 방해받지 않는 고독한 시간이 있었다. 혼자 바둑판 앞에 앉아 수없이 많은 수를 놓아보고, 지우고, 다시 생각하는 시간. 그 침묵 속에서 자신만의 바둑 철학은 모습을 드러낸다. 때로는 기존 정석을 의심하고, 때로는 상식을 뒤엎는 새로운 방법을 시도하며 자기만의 바둑을 완성해가는 것이다.

가로 19칸, 세로 19칸으로 이루어진 바둑판이라는 작은 우주 안에서 펼쳐진 고독한 탐구는 단순한 게임을 넘어 삶을 대하는 자세, 문제를 해결하는 방식, 그리고 자신을 이해하는 깊이로 이어진다. 결국 혼자만의 시간이 주는 가장 큰 선물은 누구도 대신할 수 없는 나만의 답을 찾는 능력이다.

나 또한 그랬다. 비금도라는 작은 섬에서 자란 나는 기보 하나 구하기 어려운 환경에서 바둑을 익혔다. 한 달에 한 번 오는 바둑 잡지를 달달 외우고, 서울 관철동 한국기원에 가서 기보를 복사해 공부했다. 그런 과정을 반복하면서 자연스럽게 생각하는 힘을 기를 수 있었다. 누가 코치를 해주는 것도 아니었고, 어디서 정답을 엿볼 수도 없었다. 매일 묘수를 풀고 바둑판을 바라보며 스스로 묻고 답하는 시간이 곧 나의 스승이었다.

어린 시절, 아버지는 나를 간섭하지 않으셨다. 묘수풀이 몇 개를 바둑판에 놓아두고 외출하시면 나는 고전 사활집°을 끌어안고 혼자 바둑을 되새겼다. '어떤 수가 가장 자연스러울까?', '상대는 어디를 노릴까?' 같은 질문이 머릿속

° 바둑에서 자신의 돌을 살리거나 상대방의 돌을 죽이는 것에 대한 문제를 담은 책.

결국 혼자만의 시간이 주는
가장 큰 선물은 누구도
대신할 수 없는 나만의
답을 찾는 능력이다.

을 떠나지 않았다.

권갑용 스승님 역시 간섭하기보다 자유를 주셨고, 그 유연한 가르침은 내 사고를 단단하게 키워주었다. 가르침이란 정답을 주는 것이 아니라 생각할 여지를 열어주는 것이라는 걸 아버지와 스승님을 통해 배웠다.

바둑은 남이 알려준다고 해서 해답이 나오는 게임이 아니다. 오히려 남의 수를 따라 하다 보면 자기 스타일을 잃고, 고치기 힘든 버릇이 생기기도 한다. 다양한 모양이 존재하지만 특정한 형태에만 집착하면 틀에 갇히고 만다. 바둑이 유연함을 요구하는 이유다. 유연함은 정답을 버리고 상황마다 최선의 해답을 찾아가는 힘이다.

가르침이 아닌 깨달음

바둑을 처음 배우러 가면 걸레질부터 시키는 전통이 있다. 언뜻 보면 허드렛일처럼 느껴질 수 있지만, 지나고 보니 그 시간이 무의미하지 않았다. 바둑판을 닦으며 머릿속으로 수를 되새기고 자신만의 감각을 키우는 시간이 되었기 때문이다.

그 과정에서 생겨난 감각과 해석은 정해진 커리큘럼보

다 더 강한 기반이 된다. 몸으로 바둑판과 친해지는 일은 머리로 배우는 것보다 훨씬 더 깊은 통찰을 준다. 마치 장인이 도구와 하나가 되어야 진짜 솜씨를 발휘하는 것처럼.

이는 단순히 기술적인 문제가 아니다. 정해진 길을 따라 걷는 것보다 혼자만의 시간 속에서 고독을 견디며 스스로의 길을 만들어가는 것이 더 중요하기 때문이다. 신진서 9단을 보면 이를 알 수 있다. 그 역시 인간 바둑을 먼저 익히고, 이후 선배들과의 교류를 통해 깊이를 더해갔다. 대체로 그렇게 자율성과 몰입의 시간을 견딘 사람이 정상에 오르는 일이 많았다. 돌이켜 보면 내가 두었던 수 중 '묘수'로 불리는 장면 역시 그런 고요한 반복의 시간에서 길어 올린 결과였다.

누군가 대신 선택하고 길을 정해줄 수는 없다. 삶에서는 오롯이 스스로 판단해 선택하고, 또 스스로 책임져야 할 것이 있기 때문이다. 그러려면 몰입과 집중의 시간, 누구도 간섭하지 않는 고요한 시간 속에서 자기만의 해답을 찾아가는 연습과 노력이 필요하지 않을까.

실패해도 좋고, 돌아가도 괜찮다. 혼자만의 길을 걷는다는 건 때로 외롭고 더디지만 그것이 진짜 나를 만드는 방법이다. 바둑판 위 한 수처럼, 삶에서도 진짜 중요한 수는 스스로 읽어내야 한다.

모호한 수로 상대를 당황시키다

과거 어느 대국에서 결정적인 수로 한 판의 흐름을 완전히 바꾼 순간이 있었다. 상대는 초읽기에 몰리기 직전이었고, 나는 뜻을 알기 어려운 모호한 수를 모호한 타이밍에 던졌다.

'모호한 수'라는 건 이것도 저것도 아닌, 효율 면에서 보자면 어쩌면 불필요한 수라 할 수 있다. 인공지능이 판단했다면 아마 좋은 평가를 하긴 어려울 것이다. '모호한 타이밍'이란 것도 인공지능의 관점에서는 존재하지 않는다. 하지만 인간의 관점에서 모호한 수를 두면 상대방이 내 의도를 알 수 없어 '묘수'라는 느낌을 받는다는 게 포인트다.

나는 일부러 엇박자로 모호한 수를 하나 두었고, 이 수로 상대방은 혼란에 빠졌다. 그 덕분에 나에게 불리했던 흐름이 반전되었고 승리할 수 있었다. 이 대국에서 상대에게 시간이 충분했다면 결과는 달라졌을 것이다. 상대가 초읽기에 몰리기 직전 변화를 앞두고 있었기에 신중하게 대응하기 어려웠다. <u>이렇듯 세밀한 흐름을 읽고 예상치 못한 타이밍에 알 수 없는 수를 던져 상대방을 혼란에 빠뜨리는 것. 용어가 따로 정의되어 있지 않지만 바둑에서 가장 어렵고도 까다로운 기술이라 할 수 있다.</u>

이 기술을 사용하려면 상대방의 대국 스타일을 꿰뚫고 있어야 하고 형세 판단도 정확해야 한다. 무조건 안 되는 수를 두어서도 안 된다. 그러면 상대방이 두어야 할 수가 명확해지기 때문이다. 혼란에 빠지기는커녕 답을 알려주는 형국이 된다. 실수인 듯 승부수인 듯 내 마음을 숨긴 채 상대방을 당황시키는 것이 이 기술의 핵심이다. 이 기술을 구사할 수 있는 사람이라면 초일류 기사다.

바둑에 응수타진°이라는 용어가 있다. 상대의 반응을 보고 나의 수를 판단하는 지극히 단순한 기술이다. 하지만 상

° 바둑에서, 상대의 대응을 유도하고 반응을 살피기 위해 시험적으로 수를 두는 행위.

황에 따라서는 그리 단순하지 않을 때가 있다. 상대방이 생각할 게 많은 경우다. 단순히 경우의 수가 a, b가 아닌 a, b, c 혹은 그 이상인 경우 상대방의 한 수에 따라 대국이 큰 영향을 받고 그대로 승부가 판가름 날 수도 있다. 이렇듯 상대방의 경우의 수가 복잡할 때 프로는 응수타진을 겸한 승부수를 던진다. 특이한 케이스이긴 한데 내가 개인적으로 즐겨 하던 작전이기도 했고, 좋은 결과로 이어진 적이 많았다.

일반적인 승부수라면 결정권이 본인에게 있다. 하지만 이 경우는 결정권을 상대방에게 넘기는 것이 특징이다. 프로 기사의 뛰어난 감각이나 수읽기 능력을 생각한다면 왜 결정권을 넘기는지 선뜻 이해되지 않을 것이다. 하지만 당시의 컨디션, 상대와 나의 전적 등 여러 가지 상황을 모두 고려해 계산한 수일 확률이 높다. 일반적인 승부수를 던질 때보다 훨씬 더 많은 경우의 수를 생각해야 하기 때문에 그야말로 초일류 기사만의 '승부 감각'이 필요하다.

심리적인 부분도 고려해야 한다. 상대가 나를 어떻게 생각하고 있는지가 중요하다. 상대방이 나에게 위압감을 느낄수록 답을 알 수 없는 모호한 수에 당황하고 스스로 위축되기 때문이다. 한때 "인생은 기세다"라는 말이 유행하기도 했는데 그야말로 기세를 이용하는 전략이다.

기세와 기세의 싸움

이때 상대는 다양한 반응을 보이겠지만 크게 둘로 나뉜다. 어떤 상황에도 신경 쓰지 않고 자신만의 바둑을 두려고 하는 유형과 상대방의 의도를 이해하려고 노력하는 유형이다. 어떤 유형이 상대하기 어려울까? 나의 경우 전자였다. 승부수를 두었음에도 상대가 빠르게 결정하고 자신감 있게 두면 어려웠다. 다른 기사들도 이런 반응이 가장 어려웠다고 얘기한다.

이런 걸 보면 "호랑이는 죽을 때 발톱을 숨기지 않는다"라는 말이 생각난다. 위태로운 상황에 처했을 때 마지막까지 싸운다는 의지를 표현한 말이다. 패배의 그림자가 짙게 드리웠더라도 포기하지 말자.

기술보다 심리적인 부분이 더 크게 영향받는 것이 바둑이다. 상대방의 의중을 알 수 없는 혼란 속에서도 기세를 굽히지 않고 그대로 돌파한다면 도리어 상대방이 당황하는 일도 있을 것이다. 그러면 언젠가 역전의 기회를 엿볼 수 있는 순간도 온다.

일인자도 열 판 중 두 판은 진다

"한 번도 실패하지 않았다는 건 새로운 일을 전혀 시도하지 않았다는 의미다."

이 말만큼 실패의 본질을 간결하게 짚어주는 것이 또 있을까. 정확한 출처는 분명하지 않지만 그 불분명함이 이 문장의 보편성과 설득력을 방증한다. 누가 처음 말했든 간에 실패를 두려워하지 않고 시도하는 삶이야말로 진짜 도전의 증거라는 사실에는 모두가 고개를 끄덕이게 된다. 여기에서 실패란 자신이 감당할 수 있는 실패를 뜻하며 확실히 무언가를 얻었음을 가정한다.

누구라도 일부러 실패하기를 원하는 사람은 없을 것이다. 무작정 실패가 좋기만 하다는 뜻도 아니다. 다만 사소한 실수나 실패조차 지나치게 두려워하고 회복 불가능한 사건처럼 여기는 분위기에 대해서는 한 번쯤 생각해볼 필요가 있다.

세상은 성공과 실패, 그 둘로만 나뉘지 않는다. 심지어 이기고 지는 것이 분명한 승부의 세계에서도 성공은 종종 실패에 빚진다. 실패는 아직 완성되지 않은 과정의 일부일 뿐이며, 그 과정을 거쳐야 비로소 다음 길이 열리기도 한다. 어쩌면 가장 멋진 승리는 그렇게 수많은 패배를 통과한 끝에 비로소 도달하는 지점일지도 모른다.

바둑은 지는 걸 배우는 게임이다

바둑은 이기는 것을 목표로 하지만 동시에 지는 법을 배워가는 게임이다. 판 위에 돌을 놓는다는 건 실패를 감수하겠다는 각오이기도 하다. 세계 최고의 기사도 열 판 중 두 판은 진다. 아무리 탁월한 수읽기를 자랑해도 모든 대국에서 이긴 사람은 없었다. 그래서 정상에 오른 이들은 늘 이긴 사람이 아니라 수없이 쓰러지고도 다시 일어선 사람이다. 그렇게 바둑은 실패를 통해 한 걸음씩 자신만의 생각을 쌓아가는 축적의 예술이 된다.

승리만을 향해 달리는 것처럼 보이지만 바둑에는 그보다 훨씬 깊은 여정이 담겨 있다. 이기고 지는 경험을 오가며 실수와 복기를 반복하고, 그 과정을 통해 마음에 각인되는 장면이 생긴다. 돌 하나의 실수에서 얻는 통찰이 있고 놓친 기회에서 비로소 열리는 길도 있다. 그 흐름을 따라가다 보면 바둑은 단순한 기술의 싸움이 아니라 마음의 깊이를 담아내는 과정처럼 느껴진다. 바둑판 위에 놓는 한 수는 수많은 패배를 지나 비로소 도달한 선택일지도 모른다.

그래서 패배는 끝이 아니다. 그것은 멈추라는 신호가 아니라 다음 방향을 묻는 질문일 수도 있다. 그 물음에 천천히 귀 기울이다 보면 어느 순간 시야가 조금 넓어져 있음을 깨닫게 된다. 바둑에서 지는 것은 발전하는 과정이다. 한순간 넘어지더라도 다시 일어설 수만 있다면 마음속 어딘가에 조용히 힘이 자라날 것이다.

넘어진 자리에서 배운 것들

요즘 아이들은 '지는 경험'에 익숙하지 않은 듯하다. 실패할지도 모르는 자리는 부모가 먼저 나서서 피하게 돕고, 갈등도 대신 조율해준다. 공부 계획과 진로 방향까지 부모가 정해주는 일이 자연스럽다. 아이는 선택하거나 책임질 일이 많지 않다 보니 실수하거나 실패할 기회도 그만큼 줄어든다. 실패를 겪어본 적이 없다는 건, 그 감정을 다뤄볼 기회조차 없었다는 뜻이기도 하다. 자신이 감당할 수 있는 실패를 경험하는 기회는 소중하다. 사실 이는 어린 시절의 특권인데 그것을 박탈하는 것은 소중한 무언가를 빼앗는 행위이며 자율성을 떨어뜨리는 위험한 행동일 수 있다.

그래서인지 아이들이 작은 좌절 앞에서도 위축되는 모습을 종종 보게 된다. 안정적인 길을 따라 잘 자라고 있는 듯해도 내면에는 실패에 대한 면역이 아직 형성되지 않았을 수 있다. 일종의 감정적 공백이 생기는 것이다. 이 공백은 시간이 지날수록 더욱 분명하게 드러난다. 한 번도 넘어져본 적이 없다면, 넘어진 뒤 어떻게 다시 일어나는지 알기 어려울 테니 말이다.

반면 어린 시절부터 작은 실패를 겪고 나서 그 원인을 되돌아보고 복기해본 경험이 있는 사람은 도전에 조금 더 유연하고 회복도 빠른 편이다. 실패를 받아들이고 다시 시작해본 경험에서 자연스레 회복 탄력성이 자라났기 때문이다.

우리는 모두 그런 과정을 통해 성장해나간다. 이런 점에서 보자면 아이에게 정말 필요한 건 '한 번도 실패한 적 없는 삶'이 아니라, '실패한 뒤에도 다시 시작할 수 있다는 내면의 자신감'이 아닐까 싶다.

나 또한 바둑을 두며 가장 먼저 배운 건 '지는 법'이었다. 어린 시절 지는 건 일상이었다. 나보다 잘 두는 사람이 많았고, 그들을 이기기보다 따라잡는 데 집중해야 했다. 그 과정에서 중요한 건 그날의 승패가 아니라 어제보다 얼마나 나아졌느냐였다. 내가 둔 수에 대한 책임, 실수에 대한 복기, 그리고 그 과정에서 자연스럽게 생긴 존중과 태도 등. 이 모든 것을 바둑판 위에서 익혔다.

바둑에서 복기를 중요하게 여기는 것도 그런 맥락에서 이해할 수 있다. 복기는 단순히 수순을 되짚는 일이 아니다. 상대의 착점에 담긴 뜻을 짚고, 내 판단의 흐름을 돌아보며, 당시의 감정까지 다시 들여다보는 과정이다. 마주하고 싶지 않은 자신의 실수까지 다시 꺼내 살펴봄으로써 다음에는 같은 실수를 하지 않게 도와준다. 그런 과정을 거쳐 실력이 자라고 다음 경기를 더 단단하게 준비할 수 있다.

돌 하나의 실수에서 얻는
통찰이 있고
놓친 기회에서
비로소 열리는 길도 있다.

실패가 두렵다면 새로운 수를 둘 수 없다

우리 사회는 실패에 인색한 편이다. 바둑의 일인자도 열 판 중 두 판은 지지만, 현실에서는 단 한 번의 실패만으로도 낙인찍히는 분위기가 강하다. 여전히 '괜히 도전했다가 실패하면 어쩌려고 그래'라는 시선이 존재한다.

이런 분위기 탓인지 많은 젊은 세대가 실패를 견디기보다 실패할 가능성 자체를 피하려 든다. 실패하지 않으려는 게 아니라, 실패할지도 모른다는 이유로 아예 도전을 접는 것이다. 도전보다 안전을 택하고, 가능성을 인정하지 않는 사회. 실패의 위험보다 실패를 바라보는 시선이 도전을 가로막고 있는 셈이다. 실패에 따른 리스크는 감당할 수 있다 하더라도 사회의 냉담함은 견디기 어렵다.

완전무결한 성공이나 승리는 없다는 사실을 받아들이지 못한다면 누구도 새로운 수를 두려 하지 않을 것이다. 그런 인식이 부족한 이유는 우리 사회가, 무엇보다 어른들이 먼저 그 사실을 인정하지 않기 때문이다. 실패를 부끄럽게 여기고, 실수에 가혹한 시선을 보낸 건 결국 기성세대였으니 말이다.

이제는 어른들이 먼저 실패를 존중하는 문화를 만들어

야 한다. 그래야 젊은 세대도 자신의 가능성을 믿고 더 많은 시도와 깊은 배움을 경험할 수 있지 않을까.

실패는 도전한 사람만이 가질 수 있는 이력이다. 직접 해보지 않은 사람은 실패할 일도 없으며, 그만큼 배울 기회도 놓친다. 무언가에 진심으로 부딪히고 애썼던 사람만이 그 경험에서 진짜 통찰을 얻는다. 가까이에서 겪었고 깊이 고민해봤기에 그 경험은 자연스럽게 다음 길을 찾는 단서가 된다.

우리가 실패했다는 건 그만큼 도전했다는 뜻이고, 누구보다 그 일에 대해 깊이 아는 사람이라는 의미이기도 하다. 나 역시 수없이 넘어지며 단단해졌다. 고통스러운 시간이었지만 복기를 거듭하며 실패는 끝이 아니라 질문이 시작되는 자리라는 것을 알게 되었다. 그 자리를 피하지 않고 마주한 사람만이 다시 수를 읽고 다음 길을 준비할 수 있다. 그리고 이 진리는 바둑판 밖의 삶에서도 그대로 통한다.

Sedol's Comment
기보, 언어에서
데이터로 진화하다

바둑의 기록물을 '기보'라 한다. 수많은 기보가 있으며, 그중에는 수백 년 된 오래된 기보도 존재한다. 그 시대 바둑의 기술적 부분을 들여다보는 재미도 있지만, 기보는 당시 사람들의 사고방식이나 시대적 분위기를 어느 정도 유추할 수 있는 기록물이기도 하다.

바둑을 '수담을 나눈다'라고 표현하듯, 바둑은 일종의 언어다. 프로 기사들은 이 언어를 해독할 수 있으며, 그들이 오래된 기보를 보면 당시의 기술 수준뿐 아니라 사회적 맥락도 어느 정도 읽어낼 수 있다. 특히 일본에서 바둑이 발전하면서 많은 기보가 남았고, 이러한 기보는 역사 기록물보다 더 객관적으로 당시 일본인들의 사고방식을 보여주기도 한다. 바둑 기보는 단순한 수의 나열이 아니라, 그 시대 삶을 반영한 역사적 가치가 있는 기록물이다.

하지만 인공지능의 등장으로 바둑에서 기보의 의미는 크게 퇴색되었다. 과거에는 기보가 고수의 전략과 수읽기를 배우는 최고의 교재였지만, 인공지능은 인간이 쌓아온 정석과 감각을 무너뜨렸다. 인공지능은 방대한 데이터와 계산을 바탕으로 기존 관념과 전혀 다른 수를 보여주며, 인간이 발견하지 못한 최적의 수를 제시한다.

그럼에도 기보는 여전히 중요하다. 요즘 바둑 기사들은 과거처럼 기보만 의지하지 않지만, 인공지능 해설을 병행해 기보를 분석하며 공부한다. 단순히 외우는 것이 아니라, 인공지능의 관점과 인간의 선택을 비교하고, 왜 그 수를 선택했는지를 깊이 파고든다. 과거 명국도 이제는 '인공지능 기준에서 어디가 잘못됐는가'를 분석하며, 그 한 수에 담긴 사람의 세계관과 철학, 시대의 흐름까지 되짚어보는 자료가 된다. 또 자신의 대국 복기에서도 기보는 여전히 핵심도구다. 기사들은 인공지능을 통해 자신의 기보를 복기하며 오류를 찾고, 개선점을 모색한다.

결국 기보는 과거처럼 절대적 교본은 아니지만, 인공지

능과 인간의 차이를 공부하고 자신만의 해석을 더하는 입체적 분석 도구로 진화했다고 생각한다. 동시에 그것은 여전히 한 시대의 정서와 인간의 사고방식을 담아낸 언어이자 예술이며, 시간이 지나도 사라지지 않을 바둑의 본질적 자산이기도 하다.

4장

무너지지 않는 기준을 세우다

슬럼프는 내 안의 기준선이 무너질 때 온다

"욕심부리지 말고, 딱 자신의 숨만큼만."

제주 해녀들이 바다에 들어가기 전 서로에게 건네는 말이라고 한다. 바다가 아무리 맑고 아름다워도, 눈앞에 아무리 큰 전복이 보여도 과욕을 부리는 순간 걷잡을 수 없는 위험이 찾아오기 때문이다. 눈앞의 것에 마음을 빼앗겨 너무 깊이 들어가면 어느새 방향을 잃고, 물속에서 잠시라도 우왕좌왕하면 다시 떠오를 때 쓸 숨이 남지 않게 된다.

해녀들이 한숨은 반드시 남겨두라고 말하는 건 바로 이 때문이다. 그 한숨이 곧 다시 올라올 수 있는 여력이고, 그 여력이야말로 삶을 지탱해주는 기준선이다. 이 기준선이 중요하다. 내려갈 수는 있지만 무너지지 않기 위해선 돌아올 힘을 남겨두어야 한다. 기준선이 있어야 한숨만큼의 여백을 지킬 수 있다.

수치로 표현되지 않는 나만의 기준선

어린 시절, 나는 바둑이 어렵다고 느낀 적이 거의 없었다. 초등학교 1학년 때 어린이 바둑 대회 을조에서 우승했고, 이듬해에는 갑조에서도 1위를 차지했다. 바둑 실력은 자연스럽게 발전했고 자신감도 함께 자랐다.

그러나 자신감이 지나쳤던 걸까. 중학교 3학년, 아버지가 돌아가시기 전까지 나는 스스로도 알아차릴 만큼 태도가 느슨했다. 아마추어 시절의 기세가 프로에서도 그대로 통할 줄 알았고, 초반의 적응기를 지난 이후에도 마음가짐은 단단하지 못했다. '왜 생각처럼 성적이 안 나오지?'라고 스스로에게 던졌던 물음에는 혼란과 막막함이 묻어 있었다.

그 무렵 나는 프로라는 자각이 부족했다. (인간의 관점에서) 그저 바둑이라는 무한한 세계를 즐기며 유영했다. 바둑의 기본을 생각하면 나쁘지 않지만 프로라면 달라야 한다. 무한한 세계에서 오롯이 자신만의 바둑 세계를 만드는 것이 프로의 일이기 때문이다. 우리는 유한한 존재이니 그

것을 인정하고 유한한 자신만의 세계로 인도해야 한다.

당시 내 나이를 생각하면 자신만의 바둑 세계를 만들 준비를 해야 했으나 프로 의식이 전혀 없었던 탓에 성장이 더딜 수밖에 없었다. 프로의 세계는 즐기는 것만으로는 부족하다. 뚜렷한 프로 의식을 갖고 많은 사람에게 자신만의 길을 제시해야 한다. 당시에는 이를 미처 깨닫지 못했지만, 점차 시간이 흐르며 프로의 태도를 갖추고 유지하는 것을 나만의 기준선으로 삼아야겠다고 생각했다.

'이 아래로는 무너지지 않겠다'는 나만의 마지노선은 성적이나 순위처럼 수치로 표현되거나 눈에 보이는 것은 아니었다. 컨디션과 집중력, 마음가짐과 노력의 밀도, 다시 말해 내가 얼마나 집중하는지, 어느 정도로 최선을 다하는지를 감각적으로 점검하는 태도였다. 겉으로 드러나지 않지만 스스로 분명히 알 수 있는 기준선. 마치 물속에서 숨을 아껴두는 감각처럼 자기 자신을 위한 경계였다.

사람은 누구나 느슨해지거나 흔들릴 수 있다. 하지만 중심이 있는 사람은 쉽게 무너지지 않는다. 내가 세운 기준선은 흔들릴 때마다 나를 바로 세우는 기둥이었고, 바둑과 삶을 살아갈 때 자신감을 갖게 하는 근원이었다.

흔들림 속에서도 다시 일어서다

오랫동안 바둑을 두며 슬럼프를 겪은 적이 많다. 보통 슬럼프는 성적이 나쁘거나 연패가 이어질 때 찾아온다고 생각하지만, 내 경험은 조금 달랐다. 정작 가장 깊은 슬럼프는 부진한 성적 때문이 아니라 내 안의 '기준선'이 무너졌을 때 찾아왔다.

기준선이 무너지면 바둑을 두는 방식부터 달라지고 겉으로 보기에도 흔들림이 확연하다. 집중력은 처참하게 떨어지고 감각도 프로라 부르기 어려울 정도로 무뎌진다. 그렇다, 당시 나는 무너지고 있었다. 정신은 눈에 띄게 흐려져 있었다.

기준선에서 한번 내려가면 다시 끌어올리는 데 훨씬 더 많은 에너지와 시간이 필요하다. 마음이 무너진 채 계속 버티다 보면 어느 순간 출발선보다 훨씬 뒤에 서 있는 자신을 발견하게 된다. 그만큼 자신을 회복하려면 단순한 의지 이상의 정비가 필요하다. 그래서 내가 할 수 있는 모든 것을 했다. 다행히도 운이 따라주었고 기준선을 다시 세울 수 있었다. 내가 할 수 있는 모든 것을 했다 하더라도 다시 기준선을 세울 수 있었던 것은 행운이다.

기준선이 무너지면 혼자 올라가는 것은 불가능하다. 인생에서 운이라는 요소가 중요하다는 것은 모두가 인정할 것이다. 자신의 삶을 운에 의지하지 않으려면 기준선을 세우고 절대 기준선 밑으로 내려가면 안 된다. 나는 그러지 못하고 운에 의지했지만 말이다.

기준선은 숫자로 표현하기 어렵다. 누가 알아봐주는 것도 아니고, 외부에서 평가할 수 있는 것도 아니다. 내 안에서 또렷하게 느껴지는 집중의 온도, 자신만의 생각을 키우는 고찰, 삶과 바둑을 대하는 태도의 정직함 같은 것들이다. 남들은 모를 수 있지만 나는 분명히 알고 있는 나만의 선이다. 그것은 흐트러졌을 때 되돌아올 수 있는 한계점을 알려주는 좌표이자, 일시적인 흔들림 속에서도 중심을 잃지 않게 해주는 내면의 부력이었다.

기준선 밖으로 이탈하지 않을 때 비로소 복원력이 생긴다. 누구나 잠시 흔들릴 수 있지만 그 아래로는 내려가지 않겠다는 마음이 있어야 다시 올라올 수 있다. 복원력은 단지 회복하는 힘이 아니라, 자신을 믿고 다시 시작할 수 있게 하는 마음의 탄성이다.

나는 그 힘을 '붙드는 감각'이라 부른다. 덕분에 흔들림 속에서도 다시 중심을 잡을 수 있고, 넘어졌더라도 일어설 수 있다는 믿음을 잃지 않게 된다.

누구나 잠시 흔들릴 수 있지만
그 아래로는 내려가지 않겠다는
마음이 있어야
다시 올라올 수 있다.

중요한 것은 상식과 효율이다

　바둑을 둘 때 가장 중요하게 여기는 원칙이 있다면 바로 '상식'과 '효율'이다. 돌이켜 보면 바둑뿐 아니라 인생에서 중요한 결정을 내릴 때도 이 원칙을 지켜왔다. 선택지 중에 가장 상식적이고 효율적인 것이 있다면 망설이지 않고 그 길을 택했다. 명백한 정답 앞에서 굳이 돌아가지 않았고, 두어야 할 수가 보이면 오래 고민하지 않았다. 너무 복잡해지면 실수를 하게 되는데 그건 효율적이지 않다.

　기준이 명확하면 한결 쉽게 선택할 수 있다. 이 판단이 상식적인가, 효율적인가 이 두 가지만 따져보면 되기 때문이다. 고민해야 할 요소가 여러 가지겠지만 자신만의 기준이 있다면 인생의 효율성이 높아진다고 생각한다.

바둑은 효율의 예술이다. 한 수를 어디에 두느냐에 따라 판 전체의 흐름이 바뀌며, 효율성이 바둑의 승패를 좌우한다. 그중에서도 앞서 말한 3·3 자리는 하나의 수로 확실한 집을 확보할 수 있는 완벽에 가까운 자리로 평가된다. 하지만 바로 그 완벽함 때문에 주변과 조화를 이루기 어렵다는 약점도 있다. 역설적으로 너무 완벽해서 협업이 어려운 수다.

그래서 실전에서는 화점이 더 자주 쓰인다. 확실한 집은 아니지만 상대와의 접점이 많고 여러 방향으로 변화를 줄 수 있다. 다양한 선택지를 남기기에 훨씬 유연한 수다. 나 또한 완벽한 한 수를 찾기 위해 애썼지만 결국 실전에서 강한 수는 흐름을 잇는 수, 연결을 만드는 수였다. 그리고 이런 수야말로 바둑판이라는 공간 위에서 움직이는 가장 효율적인 수다.

나는 실수를 할 때도 상식과 효율을 기준으로 생각했다. 실수를 했을 때 자신을 원망하고 나무라면서 자책하는 경우가 많다. 하지만 이는 비효율적인 행동이다. 대부분 자신의 실수를 합리화하기 위한 수단으로 사용하기 때문이다. 실수를 그저 실수로 바라보고 개선점을 찾아야 하는데 자책하느라 그 기회를 놓치는 경우가 종종 있다. 자책은 객관

몰입의 흔적이 무의식에 쌓이면
어느 순간 예상치 못한 방식으로
사고가 연결된다.

성이 떨어지며 심한 경우 자존감을 훼손하는 결과로 이어질 수 있다.

'이래서 내가 이런 실수를 했지'라는 식으로 자신을 합리화하는 방어기제가 나쁜 것만은 아니다. 방어기제가 없다면 삶을 지속하기 힘들지도 모른다. 하지만 자책이 많을수록 합리적 사고와 멀어지고, 자기 자신을 잃어버릴 확률이 높다는 점을 기억하면 좋겠다. <u>실수는 그저 실수로 바라보아야 한다. 그래야 정체되지 않고 한 걸음이라도 앞으로 나아갈 수 있다.</u>

복잡함 속에서 찾은 단순함의 힘

효율은 공간뿐 아니라 시간의 문제이기도 하다. 사람의 집중력에는 한계가 분명하기에 그렇다. 시간이 흐르면서 '얼마나 오랜 시간을 들였나'보다 '어떻게 집중했는가'가 훨씬 중요하다는 사실을 깨달았다. 짧더라도 몰입한 시간은 뇌와 몸에 깊이 각인되는데, 단순히 오래 앉아 있는 건 결과를 담보하지 않는다.

완전한 몰입 상태에서 집중력을 발휘하면 최대 네 배까지 효율이 높아진다고 한다. 서울에 올라와 훈련받으면서

'양보다 질'이 더 중요하다는 걸 누구보다 여실히 체감했다.

바둑의 수읽기는 집중과 몰입 속에서 이뤄지는 활동이다. 흐름을 보는 눈은 그냥 생기는 것이 아니라 오랜 시간 무의식이 축적되면서 생겨난다. 그래서인지 가끔 전혀 상관없는 일을 하다가도 문득 바둑의 수가 떠오를 때가 있다. 예를 들어 당구를 치다가 '아, 그때 그 수가 있었지' 하는 식이다.

만화를 보다가 깨달음을 얻은 적도 있다. 유명한 명작이자 내 인생 만화인 『슬램덩크』를 보면서 바둑이 어려운 상황에서 어떻게 접근해야 하는지 새로운 시각을 얻었는데, 능남의 센터 변덕규가 4파울 상황에서 심판과 줄다리기하는 장면이었다. 심판의 반응을 보고 생각하며 플레이하는 그 장면은 아직도 생생하게 기억난다. 여기에서 핵심은 심판이 반칙이라고 생각하는 범위인데, 바둑에서 심판을 상대 대국자로 대입하니 맞아떨어졌다. 상대가 무리라고 판단하는 범위가 어디까지인지 한 수 한 수 상대방의 반응을 보며 접근하는 방법을 배웠고 실제 대국에서 매우 유용했다.

시간이 없을 때 상대방의 반응을 보고 대처하는 능력도

이 장면을 보고 활용했다. 바둑에서 '대처한다'는 표현은 거의 사용하지 않는데 만화에서 그 아이디어를 얻었던 것이다. 어쩌면 유연한 바둑을 둘 수 있는 감각도 만화를 보며 배웠는지 모르겠다. 『슬램덩크』에서 배운 바둑 전술은 25년 가까운 프로 생활에서 중요한 역할을 했다.

당구를 치거나 만화를 보다가 문득 아이디어를 얻을 수 있었던 것은 일부러 생각하려 하지 않았는데도 머릿속 어딘가에서 사고가 이어졌다는 뜻이다. 이것이 바로 무의식의 작동이다. 책상에 앉아 공부하는 것만이 전부가 아니다. 몰입의 흔적이 무의식에 쌓이면 어느 순간 예상치 못한 방식으로 사고가 연결된다.

사고는 눈앞의 문제를 푸는 데서 끝나지 않는다. 축적된 사고의 흔적은 무의식중에 자연스럽게 연결되어 가장 필요한 순간에 떠오른다. 바둑판에서 얻은 이 사고방식은 삶에서 중요한 판단을 내릴 때도 유용하게 작용했다. 불필요한 것을 과감히 버리고 본질만 보는 것이 '사고의 습관'이 주는 강점이다.

바둑이 인생이라는 거대한 세계를 모두 담을 수는 없지만, 일정 부분에서는 통하는 철학이 존재한다. 상식에 기반해 판단하고, 감정보다 효율을, 복잡함보다 단순함을, 안전보다 가능성을 좇는 전략. 이것이야말로 '수읽기'의 본질이며 내가 삶에서 지키고자 한 가치였다. 이 기준은 지금도 변함없다.

넓게 보되 가까운 것을 놓치지 말 것

 바둑에서 자신이 불리한지 유리한지 아는 것은 매우 중요하다. 그래야 합리적이고 효율적인 판단을 할 수 있기 때문이다. 바둑에서 유불리를 정확히 판단하는 능력을 형세 판단이라고 한다. 우리 삶에서도 형세 판단은 중요하다. 자신의 능력을 정확히 알고 있어야 합리적이고 효율적으로 일을 진행할 수 있다.

 그런데 과연 어떤 것이 합리적이고 효율적인지 판단하기 힘들 때가 있다. 바둑에서 자신과 상대방이 두었던 수를 근거로 판단하는 행위가 형세 판단인데 이를 인생에 빗대보면 어떨까. 자신이 해왔던 일을 자신의 수로, 나를 둘러싼 사회를 상대방의 수로 생각하고 객관적으로 판단 내리면 비슷하지 않을까? 물론 바둑보다 판단하기가 훨씬 더 힘들 것이다. 바둑은 정해진 규칙이 있지만 인생은 그렇지 않으니 말이다. 하지만 어느 정도는 짐작할 수 있을 것이다.

어떻게 형세를 읽어야 할까

"나무를 보지 말고 숲을 보아라"라는 말을 많이 한다. 바둑에서도 바둑판 전체를 보지 않고 시야가 좁은 곳에 갇혀 있으면 고수가 되기 힘들다. 바둑만이 아니라 대부분의 운동 종목에서 시야를 강조하는 것을 보면 전체를 바라보는 능력, 즉 숲을 바라보는 능력이 얼마나 중요한지 알 수 있다.

그렇다면 '나무'는 어떠한가? 바둑에서 나무는 '한 수'로 비유할 수 있는데, 부분이라고 해서 중요하지 않은 것이 아니다. 한 수 역시 중요하다. 바둑에서 어려운 장면이 나오면 한 수 앞을 보기 힘들 때가 있다. 그럴 때는 결국 눈앞에 놓인 한 수, 다시 말해 나무 하나에 의지해서 판단하고 결정을 내려야 한다. 그러니 나무 하나를 정확하게 보는 일이 얼마나 중요한지 알 수 있을 것이다.

우리는 넓게 보는 데 집착해 가까운 것을 놓칠 때도 많다. 전체를 파악하기 힘들 때 중요한 것은 가까운 것을 세밀하고 정밀하게 바라보는 일일지도 모르겠다. 바둑 대국에서도 넓게 보는 것에 심취한 나머지 쉬운 수를 놓치고 지는 경우도 심심치 않게 있다. 결국은 균형이 중요하다. 넓게 봐야 하지만 가까운 것을 놓치지 말아야 한다.

좁은 곳에서의 수읽기 능력이 얼마나 중요한지는 굳이 말하지 않아도 알 것이다. 하지만 가끔씩 이 당연한 것을 놓칠 때가 있다. 먼 미래를 생각하고 일을 진행할 때도 가까운 미래를 간과한다면 원하는 미래는 오지 않는다.

"급할수록 돌아가라"는 말이 있다. 나는 이 말을 '급하니까 가장 안전한 길을 찾아라'라고 해석한다. 발등에 불이 떨어졌는데 불을 끄지 않고 걸음을 옮길 수는 없을 것이다. 바둑도 인생도 현재가 가장 중요하다. 현재가 없으면 미래도 없다. 과거가 중요한 이유는 현재의 바탕이기 때문인데, 우리는 현재를 푸대접하는 경향이 있는 듯하다. 넓게 바라보는 것은 중요하지만 가깝고 좁은 것이 중요하지 않은 것은 아니다. 이 글을 쓰는 지금도 실시간으로 현재가 과거가 되고 미래가 현재가 되고 있다.

성동격서는 동쪽을 바라보게 하고 서쪽을 공격한다는 뜻의 바둑 용어다. 그럴듯한 속임수를 써서 공격하는 것으

바둑도 인생도
현재가 가장 중요하다.
현재가 없으면 미래도 없다.

로, 판을 넓게 봐야 한다는 가르침을 주는 말이다. 하지만 사실상 바둑에서 구사할 수 없는 수법이다. 실력이 비등비등하다면 서로를 속이는 게 쉽지 않기 때문이다. 실재한다기보다 언어유희에 가깝다.

인생에서도 성동격서는 속임수에 불과하다고 생각한다. '속임수'를 포장하고 변명하기 위한 용도로 쓰는 말이 아닐까? 인생에서도 바둑에서도 존재하지 않는 성동격서는 전쟁 상황이 아니라면 없어져야 한다. 상대방을 속이는 행위를 정당화하지 말아야 하고 스스로 부끄러워해야 발전하며 나아갈 수 있다. 기업이나 국가도 개인과 다를 바 없다.

그런데 우리 사회는 이런 속임수에 매우 관대한 것 같다. 속임수뿐만 아니라 범죄에 대해서도 관대할 때가 많다. 엄격해야 할 것에는 관대하고, 정작 관대해야 할 것에는 엄격한 잣대를 들이대는 부조리가 흔하다. 국민의 한 사람으로서 사람을 대상으로 사기를 치거나 속이려는 행위나 사회에 부정적 영향을 끼치는 행위에 대해 좀 더 엄격해져야 한다고 생각한다. 관대함은 평범하고 정직한 사회 구성원에게 베풀면 좋겠다.

수많은 오수가 쌓여야 정수가 나온다

"한 판에 묘수가 세 번 나오면 진다."

바둑을 두는 사람들 사이에서 자주 오르내리는 말이다. 묘수는 판이 어지러울 때 생각하기 어려운 창의적인 수를 두는 것을 뜻하는데, 보통 반전, 기발함, 통쾌한 한 수를 떠올릴 것이다. 그래서 '판을 뒤집는 반전의 열쇠인데 왜 진다는 거지?' 하는 의문이 들 수 있다. 그 이유는 한 판에 묘수가 세 번이나 나온다면 이미 묘수가 아니기 때문이다. 바둑에서 묘수가 한 번 이상 나온다면 서로 실수가 많았다는 증거다.

스스로 묘수를 둔다고 착각할 수 있지만 실상은 엉망진창일 수 있다. 묘수는 통쾌한 한 방처럼 보이지만 자주 사용한다면 스스로 반성하고 더욱 노력해야 한다는 신호다. 복기를 통해 자신을 돌아봐야 할 때다. 묘수를 여러 번 두었다면 묘수가 아니라 꼼수를 부리는 것이며, 묘수를 세 번이나 당해서 졌다면 꼼수에 당했을 확률이 크다.

   내 바둑을 두고 독특하고 개성 있다는 평가를 많이 한다. 하지만 이건 착시에 가깝다. 나만의 개성이 있지만 평범하고 일반적인 바둑에 가깝다. 오랫동안 지속해온 바둑 기리°에 나를 살짝 끼웠다고 할까? 실제로 독특하고 개성 넘치는 바둑을 두는 쪽은 오히려 이창호 사범님이다. 정교하며 세밀한 이창호 사범님의 독보적 스타일이 하나의 기준이 되면서 나의 바둑이 두드러져 보였고 일종의 착시 효과를 불러온 것이다. 그래서 예측 불가능한 수, 기존의 틀을 벗어난 전개, 상대를 흔드는 감각 등의 표현으로 내 수를 평가받을 때마다 조금 멋쩍기도 하다. 하지만 내심 즐겼던 부분이기도 하다(사람들이 당신을 개성 있고 감각 있다고 칭찬한다면 즐겁게 받아들이지 않겠나).

°   바둑이나 장기에서 수의 좋고 나쁨을 판단하는 이치와 순리.

개성 있는 바둑을 두든 평범한 바둑을 두든 묘수로만 판을 이끌 수는 없다. 묘수는 위기를 기회로 바꾸는 창의적인 수이자 중요한 부분이지만 한순간의 반전을 꾀하는 최후의 필살기이지, 바둑의 중심축이 되기는 어렵다.

중요한 흐름을 유지하는 데 필요한 건 평상시 자신이 생각해온 합리적이고 효율적인 수다. 합리성과 효율성을 생각하고 둔 수는 화려하지 않지만 쌓이고 쌓여 결국 승부를 결정짓는 힘을 갖는다. 평상시 자신이 생각해왔던 수들이 결국 흐름을 이끄는 뼈대 역할을 한다.

합리와 효율을 기본으로 하되 위기에서 묘수를 둘 수 있는 감각을 갖추는 것이 중요하다고 생각한다. 인생이나 바둑이나 기본인 뼈대가 중요한 건 매한가지다. 결국 묘수란 자신이 생각해왔던 것을 효율적으로 쌓아온 사람이 정말 필요한 순간에 상대방의 의표를 찌르는 창의적인 한 수라 할 수 있다. 한 분야에서 성공한 사람들의 공통점을 보면 위기를 기회로 만드는 능력이 탁월하다는 것이다.

수많은 오수 속에서 나오는 정수

바둑에서 합리적이고 효율적인 수를 '정수'라고 부른다.

그리고 정수를 두기 위해서는 오히려 더 많은 '오수'가 필요하다는 걸 절실히 느낀다.

수없이 반복된 실패와 실험, 그리고 복기 끝에 비로소 하나의 결론처럼 떠오른 수, 그게 바로 정수다. 감각이 아니라 축적, 즉 시간의 밀도에서 나오는 응답이라 할 수 있다. 그래서 나는 수많은 오수 속에서 정수를 쌓으며 바둑의 뼈대를 세우려 애써왔다. 화려한 수는 순간적인 기지로 남지만 바탕이 되는 수는 그 사람의 바둑을 만들기 때문이다.

우리는 모두 한 번쯤 인생의 묘수를 바란다. 단번에 판을 뒤집을 기회, 드라마 같은 반전의 순간. 큰 노력 없이 하루아침에 성공할 창업 아이템을 꿈꾸고, 학생은 단숨에 성적이 오를 비법을 찾는다. 투자에서는 대박 종목을, 연애에서는 운명 같은 만남을 기다린다. 모든 고민이 단번에 해결되는 마법 같은 순간, 인생이 완전히 달라지는 결정적 기회 말이다.

하지만 묘수를 바라기 전에 수많은 오수 속에서 정수를 쌓는 행위를 했는지 스스로에게 질문을 던져야 한다고 생각한다. 인생에 확실한 정수가 존재하기 어렵지만 정수에 가깝다고 느낄 때가 묘수가 필요한 순간이 아닐까?

화려한 수는
순간적인 기지로 남지만
바탕이 되는 수는
그 사람의 바둑을 만든다.

오수를 실패로 정의한다면 정수를 쌓는 행위는 성공에 한 걸음씩 다가가는 것이다. 바둑에서 실패하면 다시 판을 시작하면 그만이지만 인생에서 실패는 무게가 다르다. 하지만 인생에서 실패를 영원히 피해 다닐 수는 없을 것이다. 그러니 위험을 최소화하는 것이 중요하다. 모두가 한 방을 꿈꾸지만, 한 방이라는 성공에 한 걸음씩 다가가야 한다. 일상의 소중함 속에서 원칙을 지키는 자신만의 소신이 성공과 행복을 만들어가는 게 아닐까.

인생에도 복기가 필요하다

바둑 한 판을 두면 보통 200~300수가 오간다. 짧게 끝나는 판은 150수 안팎에서 승부가 갈리기도 하고, 치열한 접전이 벌어지면 350수 이상 오가는 경우도 많다. 나 또한 400수 가까이 둔 대국을 몇 번 경험했다. 그런 바둑을 두고 나면 단순히 몸이 피곤한 게 아니라 탈진한 듯한 기분이 들기도 한다.

그런데도 이상할 만큼 내가 생각했던 부분이 또렷이 기억에 남는다. 가끔 사람들은 "그걸 어떻게 다 기억하세요?"라고 묻기도 한다. 아마 바둑을 잘 모르는 이들은 그 많은 착점을 다 기억한다는 게 신기하게 느껴지기도 할 터다. 하지만 외워서 기억에 남는 것은 아니다. 내가 왜 그 수를 뒀는지, 그 순간 흐름이 어떻게 움직였는지를 따라가다 보면 물꼬가 트이듯 자연스럽게 기억이 이어진다.

복기, 예술을 완성하는 마지막 수

나는 어릴 적부터 아버지에게 바둑을 배우며 복기를 일상화했다. 아버지는 바둑을 가르쳐주면서 늘 이렇게 말씀하셨다.

"지고 이기는 게 바둑의 전부는 아니야. 좋은 작품을 만들어가는 게 진짜 바둑이지. 그리고 그 작품을 완성하는 마지막 수가 복기란다."

돌을 하나하나 다시 올려놓으며 아버지와 복기하던 그 시간이 좋았다. "왜 여기 뒀는지 기억나?" 하고 아버지가 물으시면, 나는 고개를 끄덕이며 생각을 되짚어보곤 했다. 그때는 잘 몰랐지만 그게 바둑을 배우는 방법이자 마음을 가다듬는 연습이었다.

복기란 끝난 승부를 다시 바둑판 위에 펼쳐보는 일이다. 단순히 수순을 되짚는 것이 아니라 그 안에 담긴 의도와 감정을 다시 들여다보는 과정이라 할 수 있다. 마치 막이 내린 무대에서 배우가 장면 하나하나를 곱씹듯, 나 역시 그 순간의 판단과 흐름을 다시 짚어보려 애쓴다. 이 시간은 단순한 복습이 아니라 바둑이라는 예술을 완성해가는 마지막 장면에 가깝다.

<u>사람들은 대개 패자에게 복기가 필요하다고 생각하지만 나는 오히려 승자에게 더 필요한 시간이라 여긴다.</u> 이겼다고 해서 모든 수가 완벽했을 리 없다. 때로는 운이 따랐을 수도 있고, 허점을 운 좋게 넘겼을 수도 있다. 그런 부분까지 돌아봐야 비로소 다음 수를 더 잘 준비할 수 있다. 그래서 복기는 승자에게 겸손을 가르쳐준다. '나는 아직 부족하다'는 마음을 전제로 하고, 거기서부터 진짜 성장이 시작되기 때문이다.

경기가 끝난 직후의 복기는 특히 더 소중하다. 감정이 가라앉기 전, 손끝에 남아 있는 감각이 사라지기 전에 판단의 맥을 붙잡을 수 있는 시간은 오래가지 않는다. 나도 여러 번 복기의 힘을 느꼈다. 초반에 흐름이 좋지 않았던 판도 복기를 통해 방향을 바로잡으면 남은 대국에서 다시 흐름을 가져올 수 있다. 실패의 원인을 아는 것만으로도 흐름을 바꿀 수 있기 때문이다.

복기는 혼자서도 할 수 있지만 함께 할 때 더 깊어진다.

복기란 단순히 수순을
되짚는 것이 아니라 그 안에
담긴 의도와 감정을 다시
들여다보는 과정이다.

눈을 마주하고 돌을 다시 올려놓으며 상대의 의도를 묻고 내 생각을 설명하는 시간은 단지 전략을 나누는 기회가 아니다. 바둑은 두 사람이 함께 만들어가는 예술이고, 복기는 그 예술에 대한 존중이자 책임이기 때문이다.

인공지능 시대, 복기의 의미

예전의 바둑은 대국이 끝나도 끝난 것이 아니었다. 서로 마주 앉아 복기하며 '왜 이 수를 뒀는지', '어디서부터 흐름이 바뀌었는지' 이야기했다. 그 과정을 통해 바둑은 비로소 완성되었다. 나 또한 복기를 통해서야 한 판이 진짜 끝났다고 느꼈다.

하지만 지금은 바둑 세계가 달라졌다. 대국이 끝나자마자 인공지능이 돌아가고 곧바로 정답을 보여준다.

"이 수가 아니라, 이 수였어야 했다."

마치 해답지를 펼쳐 보는 기분이다. 예전처럼 서로의 의도를 추측하고 감각을 나누는 대화 대신 인공지능의 분석이 바둑판을 채운다. 물론 이 방식은 훨씬 정확하고 실력을 향상하는 데 큰 도움이 된다. 신진서 같은 최정상 기사들도 인공지능의 수를 철저히 분석하며 성장하고 있다. 복기의 방식은 변했지만 그 또한 시대의 흐름이다.

다만 때때로 예전의 복기가 그립다. 정답보다 감각이 앞서던 시절, 시행착오 속에서 새로운 길을 찾아가던 낭만. 지금은 그런 것이 정확한 계산 앞에 조금씩 자리를 내주는 시대가 되었지만, 복기가 중요하다는 사실만큼은 변하지 않았다.

우리는 각자의 인생을 펼쳐가며 때로는 좋은 수를, 때로는 아쉬운 수를 둔다. 그 삶을 멈추고 돌아보는 시간이 없다면 같은 실수를 반복하거나 흐름을 놓친 채 다음 수를 두게 된다. 인생에서도 복기는 마음을 회복하는 시간이자 성장의 토대이기 때문이다.

바쁜 하루가 끝난 저녁, 이런 질문을 던지며 자신을 돌아보는 것도 좋겠다.

"오늘 나는 어떤 마음으로 하루를 시작했을까?"

"그 말을 꼭 했어야만 했을까?"

"혹시 다른 선택지는 없었을까?"

"성급하게 판단하고 결정했던 건 아닐까?"

내 돌은 내가 놓아야 한다

일곱 살 때 바둑을 지켜보던 중 훈수를 하다 뺨을 맞은 적이 있었다. 지금 같으면 큰일 날 일이지만 당시 아버지는 오히려 상대에게 사과하셨다. 그만큼 바둑에서 훈수는 금기이기 때문이다. 바둑은 철저히 일대일 게임이기에 제3자의 개입은 룰과 예의를 모두 어기는 행위다.

인생에도 훈수를 두는 사람이 많다. 하지만 훈수는 훈수일 뿐. 다른 사람이 뭐라고 하든 결국 돌을 놓고, 그 돌을 책임질 사람은 자기 자신이다. 인생은 누구의 도움도 없이 오로지 자신이 쌓아온 가치관과 신념으로 판단하며 살아가야 할 것이다. 다른 이들의 훈수는 참고 사항 정도로 넘기면 그만이다. 바둑도, 그리고 인생도.

휩쓸리지 말고 나만의 길을 가라

요즘은 MBTI로 자기소개를 대신하기도 한다. 예전 혈액형으로 그랬듯 MBTI가 그 자리를 대체하는 것 같다. "저는 E라서 사람 만나는 걸 좋아해요", "저는 I라서 집에 혼자 있는 걸 좋아해요"라는 식으로 말이다. 혈액형이 유행일 때도 그랬지만 MBTI를 잘 모르는 나로선 이 유행에 동참하기 어렵다. 트렌드에 둔감하기도 하고, 이 세상에 존재하는 다양한 개성의 사람들을 몇 가지 유형으로 판단하고 이해한다는 게 불가능하지 않나 싶어서다.

MBTI 유행 현상에서 몇 가지 신기한 점이 있다. 하나는 이런 유행에 관심 없다면 조금은 유별난 사람으로 취급받는다는 것. 다른 하나는 MBTI를 절대적 진실로 여기는 경향이 있다는 점이다. 원래 MBTI는 산업 분야에서 성격 유형을 구별한 뒤 상성이 좋은 성격끼리 조직을 꾸려 업무 효율을 높이기 위해 만들었다고 한다. 하지만 당시 표본이 부족한 데다 시대적·환경적 요인을 감안했을 때 전문적인 신뢰도를 갖는다고 보기 어렵다.

MBTI와 함께 요즘 음식 문화도 비슷한 점이 있다. 대부분의 음식에 설탕과 깨를 넣는다. 다양한 음식이 존재하고 자신만의 음식 철학이 있을 텐데 조금은 휩쓸린 느낌이다. 배달 음식을 시키면 주먹밥이든 계란찜이든 어디에나 깨를 뿌린 것이 조금 어색하다. 유행을 억지로 거스를 필요는 없겠지만 자신만의 개성을 생각한다면 지금 이 흐름이 조금 지나치지 않나 생각한다. MBTI와 음식을 예로 들었을 뿐, 이런 현상은 사회 전반에 퍼져 있다. 다양성과 개성이 사라지면 선택지는 줄어든다. 무엇보다 내가 선택하는 것이 진짜로 내가 좋아하거나 원하는 것이 아닐 수 있다. 대세와 시류가 중요하기도 하지만 자기도 모르게 떠밀려 갈 수 있다는 점을 경계해야 한다. 중심을 잡는 건 나 자신이라는 점을 기억하자.

앞서 이야기했듯 내 삶의 중요한 키워드는 상식과 효율이다. 나는 옳고 그름을 상식과 효율에 비추어 보고 그 이후에 판단하는 편이다. 많은 사람이 반대해도 상식에 어긋난다고 느끼면 쉽게 따르지 않는다. 그런 의미에서 "좋은 게 좋은 거지"라는 말에 약간의 거부감이 있다. '좋아야 진짜 좋은 것' 아닐까? 비슷해 보여도 둘의 의미는 전혀 다르다. 전자는 적당히 타협하고 남들이 하자는 대로 따르는 태도인 반면 후자는 나의 상식과 가치를 기준으로 선택하는 태도에 가깝다.

2009년 나는 한국기원에 18개월의 휴직계를 냈다. 한국바둑리그 불참과 바둑 프로들이 만든 기사회 문제 때문이었다. 이미 지나간 문제에 대해 자세히 얘기할 필요는 없을 것이다. 요지는 내가 생각하는 상식과 효율에 비추었을 때 합리적이지도 효율적이지도 않았다는 점이다. 대부분의 프로들이 나를 비난했지만 뜻을 굽히지 않았다. 약간 타격을 받았지만 가치관과 신념을 버리는 것과는 비교할 수 없을 만큼 미미했다. 이 행동이 관습이라는 명목 아래 유지되어온 잘못된 관행을 바꾸지 못했지만 그렇다고 의미가 없었다고는 생각하지 않는다.

사명감이 있어서 그런 결정을 내린 건 아니었다. '좋은 게 좋은 거니까'라는 이유로 계속되는 이상한 일에 더 이상 끌려다니지 않겠다고 마음먹었을 뿐이다(7개월 후에 복귀하긴 했다).

주변을 보면 많은 사람들이 대세라는 이유로 흐름을 따른다. 그렇게 지내다 보면 다른 시각에서 생각할 기회를 놓치게 된다. 바둑에서 상대방의 수에 끌려다니면 자기 바둑

인생에도 훈수를 두는
사람이 많다.
하지만 훈수는 훈수일 뿐.

다른 사람이 뭐라고 하든
결국 돌을 놓고,
그 돌을 책임질 사람은
자기 자신이다.

을 두지 못하듯 삶도 마찬가지다. 남들이 정해놓은 길을 그대로 따라가기보다 자신만의 가치관과 판단으로 한 수 한 수 놓아갔으면 한다. 우리 삶은 우리 선택으로 결정되는 것이니까.

어른이 항상 옳은 것은 아니다

"어른들 말씀 잘 들어라."

어린 시절 많이 듣던 말이다. 나는 어른이 되면 세상이 더 선명하게 보이고 지혜가 저절로 생기는 줄 알았다. 어른들은 상당 부분 답을 알고 있다고 생각했으니 말이다. 하지만 마흔을 넘기고 보니, 나이 든다고 저절로 그렇게 되는 건 아니라는 사실을 깨달았다. 나 또한 여전히 혼란스럽고 명확하지 않은 순간을 마주한다. 그래서 딸에게 이런 말을 한 적이 있다.

"(나를 포함해서) 어른들 말을 무조건 믿지 마. 나이 든다고 늘 옳은 말만 하는 건 아니니까."

지금도 나는 스스로 생각하고 결정할 수 있도록 최대한 아이만의 공간을 확보해주려 노력한다. 세상 모든 어른이 고루하다는 뜻이 아니다. 옳고 그름을 스스로 판별하는 눈을 기르라는 의미다. 부모든 어른이든 다른 사람의 말에 지나치게 의존할 필요는 없다. 자기만의 가치 기준이 명확한 사람은 소음 속에서도 귀담아들어야 할 말을 찾아낸다. 그래야 삶을 살아갈 힘을 기를 수 있다.

경험이 부족한 사회 초년생 중에는 어려움에 닥쳤을 때 어른들에게 도움을 청하거나 조언을 구하는 이들이 있을 것이다. 나쁜 건 아니지만 무의미한 조언을 받을 수도 있고, 경우에 따라서는 본인의 생각을 침해당할 우려가 있다. 이 점을 꼭 기억했으면 한다.

요즘 아이들은 선택권이 없는 경우가 상당하다. 초등학생이 대여섯 개의 학원 스케줄을 소화한 뒤 밤늦게 집에 돌아온다. 어느 부모가 자식 잘못되라고 그런 일을 할까. 모든 게 아이의 미래를 위한 일일 터다. 하지만 '해야 할 것'만 배우고, 정작 '하고 싶은 것'을 찾는 법을 배울 기회가 적다면 어떨까? 그런 환경에서 자란 청년이 다른 사람의 평가에 지나치게 의존하는 건 어쩌면 당연한 결과일지도 모른다.

결국 어른들에게 의존하지 않고 자신의 뜻을 관철하는 의지가 중요하다. 이는 조언을 구하거나 어떤 환경을 요구하는 행위, 경제적으로 의지하지 않는 것도 포함된다. 자신의 삶을 사는 데 남에게 무언가를 얻는 것은 불필요한 일이다. 의존하지 않고 최대한 노력을 기울인다면 결과는 정해져 있을 것이다.

바둑에서는 남의 수에 끌려다니면 절대 이길 수 없다. 인생도 마찬가지다. 끌려다니는 삶이 과연 자신의 인생이라 할 수 있을까? 내가 바둑을 두면서 깨달은 가장 중요한 진리는 내 돌은 내가 놓아야 한다는 사실이다. 작은 선택의 경험이 모여 자신만의 길을 찾아갈 힘이 된다.

Sedol's Comment
10, 20, 30,
그리고 40

가치관은 나이와 시대에 따라 자연스럽게 변화한다. 당연한 이야기다. 10대와 20대가 세상을 바라보는 시각은 분명한 차이를 보인다. 10대는 가치관을 형성해가는 시기라고 본다면, 그 차이도 충분히 이해할 수 있다. 그런 점에서 10대는 어쩌면 인생에서 가장 중요한 시기일지도 모른다.

10대는 가치관이 확립되어가는 과정에 있기 때문에 생각이 자주 바뀌는 모습을 보인다. 그런데 오히려 그렇기 때문에 '자신만의 가치관'이라는 말을 가장 순수하게 쓸 수 있는 시기가 바로 10대가 아닐까 생각한다. 20대는 형성된 가치관을 사회와 융합하는 단계라고 본다. 그런 측면에서 보면, 사회적 영향에서 비교적 자유로운 10대만이 '진짜 자기 생각'을 온전히 가질 수 있다.

  물론 10대의 가치관도 변화무쌍하지만, 그 안에도 일정한 흐름이 존재한다. 그 흐름이 긍정적이면 합리적인 방향으로, 그렇지 않으면 불합리한 방향으로 흘러가곤 한다. 20대에도 가치관이 변화하지만, 폭은 크지 않다. 주로 사회와의 조화를 이루는 과정에서 생기는 변화이기에 충분히 공감된다.

  사회와 융합하는 방식은 크게 두 가지로 나눌 수 있다. 하나는 사회에 자신을 맞추는 방식이고, 다른 하나는 자신의 핵심 가치관은 지키면서 나머지를 사회에 맞춰가는 방식이다. 개인적으로는 후자의 방식이 더 좋다고 생각한다. 하지만 이 부분은 사람마다 다르게 생각할 수 있다.

  30대에 이르면 대체로 자신의 가치관과 사회적 맥락이 어느 정도 융합된 상태다. 특별한 사건이 없다면 이후로도 큰 변화 없이 그 가치관을 유지하는 경우가 많다. 나는 이제 40대 초반을 지나고 있다. 앞으로 시간이 흐르면 지금의 40대를 어떻게 되돌아볼지, 그리고 10대, 20대, 30대의 가치관을 어떤 언어로 정의하게 될지도 궁금하다.

  다시 10대로 돌아가보자. 10대만이 유일하게 '자신만의 가치관'을 지닐 수 있는 시기라고 생각하면, 이는 중요한 시사점을 담고 있다. 그렇다면 10대 시절의 가치관이 비합리적일 경우, 우리는 그 사람을 어떻게 바라봐야 할까? 쉬운 질문이 아니다.

바둑의 경우를 예로 들자면, 10대에 모든 것이 결정된다. 적어도 바둑에 한해서는 10대에 미래를 예측할 수 있으며, 오차 범위는 거의 0에 가깝다. 물론 바둑과 인생을 단순 비교하긴 어렵지만, 적어도 10대 시절 가치관의 중요성만큼은 분명히 느낄 수 있다.

이제는 10대를 바라보는 사회적 관점에도 변화가 필요하다. 지금까지는 10대가 어리고 미성숙하다는 이유로 법적으로나 사회적으로 관대하게 대하는 경우가 많았다. 물론 세세한 부분에서는 성인과 동일하게 취급할 수 없겠지만, 적어도 중요한 영역에서는 무조건적 관용은 지양해야 한다고 생각한다. 왜냐하면 10대는 자기 삶의 방향을 결정할 유일한 '자신만의 가치관'을 가진 시기이기 때문이다.

5장

질 자신이 없다는 말

이긴다는 생각으로 임한다

과거에는 "엉덩이로 공부한다"라는 말을 자주 했다. 책상 앞에 진득하니 앉아서 시간을 투자하면 그만큼 성과가 오른다는 의미에서 했던 말이다. 하지만 나는 이 말에 동의하지 않는다.

노력도 진득함도 성과를 보장하지 않는다. 시간 투자와 성과는 별개다. 바둑도 마찬가지다. 바둑판 앞에 10시간 앉아 있는다고 해서 그 시간이 곧 실력으로 이어지지 않는다. 중요한 건 그 시간을 어떻게 쓰느냐, 그 시간 동안 내 안에 무엇을 남겼느냐다.

자기만의 것을 찾아야 한다

단순히 돌을 놓는다고 바둑이 아니다. 바둑을 대할 때 진중하지 않거나 대국에 임할 때 집중하지 않거나 이미 알고 있는 수만 기계적으로 반복한다면, 그것은 단지 시간을 소비한 것에 불과하다. 반면 짧은 시간이더라도 최대한 몰입해서 상대방을 이해하려 노력하고, 자신만의 바둑을 생각하며 새로운 흐름을 시도하고, 상대와 나의 생각을 되짚는 복기 과정이 있다면 이야기가 달라진다. 그만큼 나만의 생각이 쌓이고 실력이 따라오는 것이다.

물론 시간의 힘을 무시할 수 없다. 어떤 일이든 의미 있는 결과를 얻으려면 최소한의 시간이 필요한 건 당연한 일이다. 아무리 재능이 뛰어나도 하루아침에 깊이를 갖춘 성과를 만들 수 없으니 말이다. 하지만 더 중요한 것은 시간의 양이 아니라, 그 시간을 어떻게 쓰고 그 안에서 무엇을 해냈느냐다.

바둑은 한 수를 두기 전까지의 생각, 그 수를 두고 난 후의 판단, 흐름을 읽는 감각, 이 모든 것이 종합적으로 작용한다. 앉아 있는 시간이 실력으로 전환되려면 그 시간 동안 내가 무엇을 보고 있었는지, 어떤 감각을 체화했는지, 어떤 흐름을 익혔는지가 중요하다.

  글을 쓰는 것도 이와 비슷하다는 생각이 든다. 전문 작가 또한 오랜 시간 앉아 있어도 한 줄도 못 쓰는 날이 있는가 하면, 한두 시간 만에 글이 써지는 순간도 있다. 나 역시 이 책을 쓰며 그런 순간을 겪었다. 글을 쓰는 직업이 아님에도 신기하게 글이 잘 풀리는 날은 대개 마음속에 오래 머물던 생각이 또렷한 주제와 키워드로 연결되고, 흐름이 단숨에 잡혔다.

  자신이 오랜 시간 품어온 생각을 점검하고 다듬는 과정을 거쳐야 비로소 글로 표현할 수 있다. 글쓰기는 생각과 감정을 정제하는 과정이라 생각하는데 문장을 고르고, 리듬을 이어가고, 말의 온도를 조절하는 모든 일에는 순간의 직관과 오랜 축적이 함께 작동해야 한다. 결국 글이란 밖으로 보이는 시간과 보이지 않는 시간이 켜켜이 쌓여 만들어 낸 결과라고 생각한다.

  "이긴다는 생각으로 임한다."

  어린 시절부터 자주 했던 말이다. 언뜻 들으면 오만해 보일 수 있지만, 이 말엔 나만의 확신과 근거가 있었다. 혼자만의 고뇌와 복기를 통해 자신을 돌아봤으며 이기고 지면서 경험한 바둑에 대한 진지한 고찰, 그런 시간이 쌓였기에 비로소 할 수 있었던 말이다.

물론 거울 앞에서 "난 이길 거야"라고 외친다고 해서 저절로 자신감이 생기는 건 아니다. 그런 말이 힘을 발휘하려면 스스로 믿을 수 있는 무언가가 있어야 한다. 누구도 '오늘은 질 것 같아'라는 마음으로 바둑판 앞에 앉지 않는다. 하지만 막상 자기 자신을 온전히 믿는 사람은 생각보다 많지 않다.

결국 나를 지탱해주는 건 그동안 내가 해온 것을 믿는 마음이었다. 수없이 복기하고 고뇌하며 매 순간 선택을 반복한 끝에 내 안에 기준이 세워졌다. 흔들릴 때마다 나를 붙잡아준 것은 바로 그 생각들이 모이고 모여 비롯된 확신이었다. 이처럼 진짜 자신감은 번지르르한 말이 아니라, 오랜 시간 쌓아온 나에 대한 믿음에서 나온다.

이건 바둑뿐 아니라 다른 일에서도 비슷하게 적용될 것 같다. 피아니스트를 예로 들어보자. 오래 연습한 곡은 악보를 보지 않고도 연주할 수 있다. 몸이 음악을 기억하기 때문에 손가락이 악보보다 먼저 움직인다. 수천 번의 반복으

수없이 복기하고 고뇌하며
매 순간 선택을 반복한 끝에
내 안에 기준이 세워졌다.

흔들릴 때마다 나를
붙잡아준 것은 바로
그 생각들이 모이고 모여
비롯된 확신이었다.

로 체화된 감각 덕분에 가능한 일이다.

운동선수도 마찬가지다. 훈련 없이 좋은 결과를 기대할 수 없다. 매일 같은 동작을 반복하고, 체력을 유지하고, 실전 감각을 끌어올리는 과정을 통해 경기에서 폭발적인 순간을 만든다. 그 성과는 결코 우연일 리 없다. 자신이 해온 것을 믿기에 가능한 일이다.

바둑도, 글쓰기도, 피아노 연주도, 운동도, 인생도 다르지 않다. 밀도 있게 쌓인 나만의 생각, 그 단단하고 충실한 내면이 우리의 든든한 뒷배가 되어준다. 마음이 흔들리고 불안할 때, 움츠러들고 용기가 나지 않을 때, 자신이 해온 것에 기대보자. 결국 우리를 지켜주는 건 스스로 쌓아온 것들일 테니까.

직관,
자신의 감각을 믿어라

사람들은 바둑을 종종 게임이나 스포츠로 여긴다. 체스나 보드게임처럼 분류하려는 시도도 자주 볼 수 있다. 그렇게 생각하는 것도 어떤 면에서는 이해가 된다. 바둑에는 분명한 규칙이 있고, 승패가 갈리며, 전략과 집중력이 중요한 경기라는 점에서 얼핏 비슷해 보이기 때문이다.

하지만 나는 바둑을 조금 다르게 느껴왔다. 단순한 경쟁이나 오락의 틀로는 바둑의 깊이를 온전히 담아내기 어렵다고 생각한다. 앞에서 언급했듯 <u>바둑은 '추상 전략 게임'으로 분류되는데, 이는 말 그대로 운이나 우연의 요소 없이 오직 전략과 판단만으로 승부가 결정되는 두뇌 게임을 뜻한다.</u> 바둑은 그중에서도 특히 독보적이다.

무엇보다 바둑은 '왜 이 수가 나쁜가'를 설명할 수 있는 거의 유일한 게임이다. 단순히 수를 계산하는 데 그치지 않고, 판단의 흐름과 맥락까지 짚어낼 수 있다는 점에서 특별하다. 직관과 논리가 동시에 작동하고, 어린아이도 이해할 수 있을 만큼 단순한 규칙에 무한한 가능성이 숨어 있는 세계다. 그것이 내가 생각하는 바둑의 본질이다.

그래서 바둑은 단순히 이기고 지는 문제로만 설명되지 않는다. 규칙은 단순하지만 그 위에서 벌어지는 수싸움은 끝이 없다. 나는 이 점이야말로 바둑이 전략을 넘어 하나의 예술처럼 느껴지는 이유라고 생각한다. 깊은 감성과 감각이 스며들어야 비로소 완성될 수 있는 세계, 그게 바로 바둑이다.

고수일수록 '직관'의 정확도가 높다

바둑은 아주 단순화해서 말하자면 단 두 가지 규칙, '자살 금지'와 '연속 패착 금지'로 구성된 게임이다. 그러나 단순한 규칙 위에 수많은 전략이 겹겹이 쌓인다. 복잡한 규칙일수록 오히려 사고를 제한하는 반면, 단순한 규칙은 상상력과 창의력의 가능성을 넓힌다. '두 집을 만들면 산다'는 단순한 원칙 하나가 수천 가지 복잡한 전투를 만들어내는 것이다.

이것이 가능한 것은 바둑이 사고의 게임이기 때문이다. 수많은 경우의 수를 어떻게 좁혀나가고, 어느 타이밍에 어떤 수를 둘 것인지 결정하는 과정에서 가장 중요한 건 '직관'이다.

프로 기사는 열 수, 스무 수를 미리 보는 능력이 있다고 알려졌지만, 그것은 어디까지나 특정한 맥락에서만 가능한 일이다. 실제 대국에서는 수많은 변화가 얽혀 있고, 모든 경우의 수를 일일이 계산하는 것은 사실상 불가능하다. 그럴 때 필요한 것이 바로 '감'이며, 그것이 곧 직관이다.

<u>고수일수록 직관이 맞을 확률이 높은 이유는 단순하다. 직관은 하늘에서 별똥별처럼 뚝 떨어지는 것이 아니라 수많은 경험과 반복된 실패, 그리고 끝없는 복기를 통해 길러지기 때문이다.</u> 그래서 나는 이론 감각보다 실전 감각이 훨씬 더 중요하다고 생각해왔다.

알파고와의 대국에서 내가 둔 78수를 직관이 발휘된 결과라고 분석했던 일본의 뇌신경외과 전문의 이와다테 야스오는 자신의 책 『직관의 폭발』에서 전문가의 직관이 단순한 '감'이 아니라 무의식에 축적된 방대한 경험과 학습의

산물이라고 강조한다. 그는 전문가들이 아주 짧은 시간에 겉으로 드러난 단서만으로도 정확한 판단을 내릴 수 있다고 보았다. 오랜 시간에 걸쳐 반복된 경험이 판단의 패턴을 무의식적으로 인식하도록 만들기 때문이다.

응급실 의사가 환자 상태를 몇 초 만에 파악하거나, 경매 전문가가 진품과 가짜를 직관적으로 가려내는 일 등은 훈련된 직관에서 비롯된다. 바둑에서도 감각은 우연히 생기는 것이 아니라 오랜 시간 쌓아온 훈련의 결과다.

이런 직관은 단순한 '촉'이 아니라 일종의 통계적 감각에 가깝다고 볼 수 있다. 마치 공부를 열심히 한 학생이 시험에서 찍은 답이 우연히 맞은 것처럼 보이지만, 실은 반복된 학습과 축적된 경험이 무의식 속에서 만들어낸 판단에 가까운 것처럼 말이다.

생각의 깊이가 감각의 깊이가 된다

바둑은 감각의 예술이기도 하다. 특히 아이들이나 초보자의 경우 바둑을 처음 배울 때는 바둑판 전체보다 눈앞의 한 부분에만 집중하는 경우가 많다. 돌 하나하나에 집착하거나 방금 둔 수만 따라가며 바둑을 이해하려 한다. 하지만 시간이 지나고 경험이 쌓이면서 점차 한 판의 흐름이 보이기 시작한다. 놓인 수들의 관계를 느끼고, 다음에 어떤 모양이 펼쳐질지 상상하게 된다.

실력이 더 쌓이면 또 다른 경지에 들어서게 되고, 고수가 되면 바둑판 전체를 바라보며 국면을 읽는다. 물론 인간이 바둑판 전체를 완벽하게 인식하는 건 쉽지 않은 일이다. 그래서 우리는 어느 순간, 자연스럽게 감각에 의지하게 된다.

그 감각은 오랜 시간에 걸쳐 직관으로 발전하고, 때로는 가장 중요한 순간에 판단의 기준이 되기도 한다.

요즘처럼 정보가 넘쳐나는 시대에는 오히려 이런 감각이 퇴화하기 쉽다. 클릭 몇 번이면 어떤 해답이든 얻을 수 있는 시대이다 보니 생각하려 하기보다 검색에 의존하고, 스스로 연결하기보다 남의 해석을 소비하게 되는 것 같다.

공동 연구나 집단 지성은 분명 큰 장점이 있지만 정보의 속도를 높이는 대신 깊이를 얕게 만들기도 한다. 감각이 평균에 수렴하고, 개성은 희미해지는 현상 속에서 더 소중해지는 것이 있다면 그건 바로 '직관'이 아닐까 싶다.

바둑을 통해 기른 직관은 단지 승부를 위한 무기가 아니다. 삶에서도 우리는 종종 빠르게 선택해야 하는 순간을 마주한다. 충분한 정보도, 넉넉한 시간도 주어지지 않지만 그럼에도 제대로 된 판단을 해야 할 때가 있다. 그럴 때 나를 지탱해주는 건 단기간에 쌓은 지식이 아니라 오랜 시간 축적된 감각과 '생각하려는 습관'이다.

'내가 지금 이 수를 왜 두는가.'

바둑은 스스로에게 질문하고 탐색하고 답을 찾는 과정을 자연스럽게 익히도록 만든다.

그런 과정이 차곡차곡 쌓이면 사고가 깊어지고 조금씩 단단해진다. 직관은 계산을 넘어서는 감각이다. 그리고 그 감각은 실전과 복기를 하는 과정에서 자연스럽게 자리를 잡아간다. 바둑에서 중요한 건 좋은 수를 찾는 능력만이 아니다. 나의 선택이 어떤 흐름을 따라가는지 살피는 감각, 그리고 그 감각을 믿는 자신감이야말로 바둑을 두는 내내 필요한 힘일 터다.

그리고 그런 힘은 바둑판을 벗어난 삶의 순간 속에서도 분명 제 몫을 하게 된다.

'내가 지금 이 수를 왜 두는가.'
바둑은 스스로에게 질문하고
탐색하고 답을 찾는 과정을
자연스럽게 익히도록 만든다.

때론 근거 없는 자신감도 필요하다

　삼성화재배 결승전 3번기 1국에서 이긴 직후였다. 바둑 내용도 나쁘지 않았고 흐름도 괜찮았다. 많은 사람이 그 승리를 두고 우승을 점치기도 했다. 분위기는 대체로 좋았고, 기자들 사이에서도 "이세돌이 흐름을 탔다"라는 말이 나왔다. 하지만 방심하지 않았다. 지금껏 쌓아온 경험상 시리즈의 흐름은 일정하지 않는다는 걸 누구보다 잘 알고 있었기 때문이다.

　그날 사석에서 누군가 이런 질문을 던졌다.

　"내일은 좀 어떨 것 같아?"

　나는 고개를 갸웃거리며 말했다.

　"글쎄요… 좀 힘들 것 같아요. 자신이 없네요."

그는 내 말에 놀라서 이렇게 물었다.

"왜? 무슨 문제가 있는 거야? 혹시 컨디션이 안 좋아?"

그때 내가 던진 한마디.

"자신이 없어요, 질 자신이."

농담으로 던진 말이었고, 그 말에 다들 웃었다. 하지만 거기에는 농담뿐 아니라 감정도 담겨 있었다. 어쩌면 나 자신에게 하는 다짐 같은 말이었을지도 모르겠다. 나 자신을 믿고 승부에 나서겠다는 다짐 말이다.

실전에서는 자신감으로 기세를 굳혀 승리하는 경우가 꽤 많다. 실력이 비등한 프로의 세계에서는 누가 멘탈을 더 잘 관리하느냐, 누가 내면을 단단히 다지느냐가 큰 힘을 발휘하기 때문이다.

근거 없는 자신감이 근거 있는 자신감으로

어린 시절 내게는 자신감이라는 감정이 자연스러웠다. 어린이 대회에 나가면 우승하는 경우가 대부분이었고, 실력 면에서 또래보다 한발 앞서 있었다. 그러다 보니 대국 중에도 긴장하는 일이 거의 없었고 '나는 될 사람'이라는 생각이 당연하게 자리 잡았다. 프로의 길도 별다른 의심 없

"자신이 없어요, 질 자신이."
어쩌면 나 자신에게 하는
다짐이었을지도 모르겠다.

이 이루어질 거라 여겼다.

그 자신감은 실력에 대한 믿음에서 비롯됐지만, 지금 돌이켜 보면 오로지 실력 때문만은 아니었다. 어릴 때부터 쌓인 기억이 '나는 잘하는 사람'이라는 이미지로 굳어 자신감으로 자리한 듯싶다.

나는 그렇게 프로 세계에 입문했다. 프로는 결국 결과로 말해야 하는 세계였지만, 아이러니하게도 그 중요한 시기에 나는 조금 느슨해져 긴장감보다 여유로움이 앞섰다. 아마도 마음 한편엔 '이제 됐다'는 생각이 자리 잡았던 것 같다. 왠지 모르게 실력을 제대로 발휘할 수 없었고, 늘 당연하던 자신감에도 조금씩 금이 가기 시작했다.

느슨해지거나 방심하면 실력도 자신감도 제 힘을 발휘하지 못한다는 사실 앞에서 정신이 번쩍 들었다. 지금 돌이켜 보면 그 작은 흔들림이 오히려 전환점이 되었다는 생각이 든다. 그때부터 다시 마음을 다잡고 기준선을 세웠다. 나의 바둑은 성장하기 시작했고 '역시 내가 하면 된다'는 확신이 되살아났다.

아무런 준비도 하지 않으면서 말도 안 되는 자만심에 취해 있는 건 당연히 경계할 일이다. 하지만 경험도 정보도 부족한 시기에는 오히려 막연한 자신감이 도움이 되기도 한다. 가능성이 보이지 않더라도 '왠지 나는 할 수 있을 것 같다'는 믿음이 힘을 주기 때문이다.

<u>실력도 충분하지 않은데 움츠러들면 기세에서 밀리고, 그러면 기량을 더 발휘하지 못한다. 실패하더라도 도전하고 부딪쳐야 배우는 게 생기고, 예상하지 못한 가능성도 열리는 법이다.</u> 그래서 어린 시절에는 근거 없는 자신감을 가져보는 것도 필요하다고 생각한다. 그 또한 어린 시절만의 패기이자 특권이다.

세계적인 수학자 허준이 교수도 비슷한 이야기를 했다. 그는 중학교 시절까지 성적이 좋지 않았고, 시험에서도 중간 이하 점수를 받을 때가 많았다고 한다. 내성적이고 조용한 성격을 지녔던 그이지만 마음속에는 언제나 '나는 될 수 있다'는 믿음을 품고 있었다고 한다. 이에 대해 허준이 교수는 이렇게 말했다.

"근거 있는 자신감은 언제든 무너질 수 있지만, 근거 없는 자신감은 유연성을 준다."

실제로 그는 강연에서 '근거 없는 자신감이 자신을 공부하게 만들었고, 결국 기회를 열었다'는 말을 자주 했다. 이처럼 해낼 수 있다는 마음의 힘은 이미 증명된 실력보다 더 중요할지도 모른다. 자신에 대한 믿음이 스스로를 움직이게 만들고, 그 움직임이 기회를 불러오며, 기회는 결과를 만들기 때문이다. '난 틀림없이 잘해낼 거야'라고 믿으면 실제로 잘될 수밖에 없는 태도와 행동을 취하게 된다. 반대로 '난 어차피 안될 거야'라고 여기면 스스로도 삶의 방향을 안되는 쪽으로 이끌게 되는 것이다. 믿음이 행동을 바꾸고, 그 행동이 현실을 만들어내는 원리다. 바둑판 위에서 나는 그 과정을 수없이 체감하며 살아왔다.

경험과 믿음의 균형이 만들어내는 자신감

자신감이 항상 좋은 결과로 이어지는 건 아니다. 준비 없이 우쭐해지면 자만심으로 변하고, 집중력과 마인드 컨트롤 없이 생긴 자신감은 쉽게 흔들린다. 그래서 나는 자신감을 '있다, 없다'로 판단하지 않는다. 더 중요한 건 그것이 어떻게 생겨나고 유지되는가다.

바둑은 그 점이 특히 명확한 세계다. 일대일 정면 승부에서 실력은 정직하게 드러나고 준비가 부족한 부분은 바로 노출된다. 물론 타고난 재능이 절대적으로 중요하지만 99에서 나머지 1을 채우는 후천적인 노력도 못지않게 중요하다고 생각한다.

어떤 일을 하든 처음부터 모든 것을 완벽하게 갖춘 상태에서 시작하는 경우는 드물다. 초보자 입장에서 시작할 때가 많고, 맨바닥에서 빈손으로 시작하는 경우도 많다. 그래서 근거 없는 자신감이 좋은 출발점이 되기도 한다. 낯선 환경, 새로운 무대, 아무도 예측하지 못한 변곡점에서 '할 수 있다'는 믿음이 발걸음을 옮기는 동력이 되기 때문이다.

진짜 자신감은 반은 실력에서, 반은 근거 없는 믿음에서 생긴다고 생각한다. 실력만으로는 조금 부족하다. 믿음만으로는 오래가지 못한다. 하지만 둘이 균형을 이루면 부족함을 알면서도 다시 나아갈 힘이 생긴다. 완벽하진 않더라도 '충분히 해볼 만하다'는 감각. 나는 그것을 가장 현실적이고 인간적인 자신감이라 생각한다.

나를 믿어줄 사람은 나 자신뿐인지도 모른다

내게도 그런 기억이 있다. 2008년 삼성화재배 결승전. 상대는 박영훈 9단이었다. 당시 그는 이창호 9단의 '신산'

칭호를 위협할 정도로 강력한 상대였다. 게다가 나는 몇 달 전 다른 결승전에서 박영훈 9단에게 2연승 후 내리 3패를 당한 상황이었다. 주변에서 당연히 나를 걱정하는 시선이 이어졌다. 하지만 정작 나는 개의치 않았다. '지금 걱정해야 할 사람은 나보다 오히려 상대가 아닐까?'라는 생각이 들었다.

다행히 1국은 내용도 나쁘지 않았고 비교적 쉽게 승리했다. 하지만 2국에서는 완패, 완전히 밀려버렸다. 또다시 역전을 허용하는 게 아닌지 주변에서 걱정을 많이 했지만 나는 흔들리지 않았다. 3국, 다시 돌을 가려 나의 흑번. 컨디션이 좋았고 당시 흑을 선호하던 내게는 흐름이 잘 맞아떨어졌다. 질 거란 생각이 들지 않았고, 오히려 내가 흑번을 잡은 이상 결과는 정해져 있다는 기분까지 들었다. 그만큼 나 자신을 믿는 마음이 단단하게 자리 잡고 있었다.

다행히 준비해놓은 초반 전개가 자연스럽게 풀려갔고 전체 흐름도 안정적으로 이어졌다. 중반엔 서로 한 번씩 실수를 주고받으며 미세한 접전 속에서 종반전을 맞이했다.

바둑은 결국 반집 승부로 치달았다. 긴장과 희열이 뒤섞인 마지막 순간, 나는 바둑을 온전히 즐기고 있었다. 그 감정이야말로 나를 끝까지 끌고 갔던 진짜 힘이었을지도 모르겠다. 이상하게도 그날을 '바둑이 정말 즐거웠던 마지막 순간'으로 기억한다. 그날만큼은 바둑이 주는 순수한 기쁨을 온전히 느꼈다고 말할 수 있다. 그 후로는 익숙함이 쌓인 탓인지 그날처럼 강렬한 감정이 되살아나진 않았다. 바둑은 여전히 내 일이었고 승패도 중요했지만 말이다.

그래서인지 그날의 자신감, 마지막 순간의 몰입은 아직도 또렷하게 남아 있다. 나는 "최선을 다하겠습니다"라는 말을 그다지 좋아하지 않는다. 그보다 "이긴다는 자세로 임하겠습니다"라는 말을 즐겨 한다.

자신감은 '스스로를 믿는 태도'에서 시작되기 때문이다. 그리고 자신을 향한 믿음이야말로 가장 강력한 무기가 된다.

성공 경험은 무뎌진 감각을 깨운다

2003년, 갓 스무 살이 되었을 때 LG배 결승 무대에 올랐다. 상대는 이창호 9단. 2001년 같은 대회에서 2연승 후 내리 3패를 당한 아픔을 극복할 수 있는 기회였다. 1국에서는 내가 선제점을 따냈고, 이어진 3국에서도 승리하며 2승 1패로 앞서갔다. 그리고 마지막 4국까지 승리하며 3승 1패로 결승전을 마무리했다. 세계 정상에 오른 순간이었다.

대국은 전반적으로 팽팽하게 흘러갔다. 하지만 3국에서 좋은 흐름을 가져오는 데 성공했다. 그 덕분일까? 4국에서는 상대의 예상치 못한 실수가 결정적인 전환점이 되었고, 나는 그 기회를 놓치지 않았다. 솔직히 말하면 어느 정도 운이 따랐던 것도 사실이다.

당시에는 승리의 기쁨에 한껏 들떠 있었다. 하지만 시간이 흐르면서 승리가 마냥 달콤하지만은 않았다. 그 승리 이후 내 기세가 조금씩 흔들렸기 때문이다. 마음이 느슨해지며 슬럼프가 찾아왔다.

슬럼프, 내가 정한 기준선이 붕괴되다

처음에는 단순한 컨디션 저하라고 여겼다. 하지만 정신을 차리고 보니 어느덧 2004년 초였다. 2003년 하반기부터 시작된 부진은 1년 가까이 이어졌고, 나는 처음으로 깊은 슬럼프에 빠졌다는 걸 인정하게 되었다.

그때 가장 힘들었던 건 내가 정해놓은 '기준선'이 무너졌다는 사실이었다. 앞에서도 설명했듯 그 기준선은 단순히 성적이나 기록처럼 수치로 드러나는 것이 아니었다. 나만의 감각과 집중력, 적절한 긴장과 내가 해온 것을 믿는 자신감이 자연스럽게 어우러질 때 느껴지는 특유의 리듬을 말한다. 돌을 두는 감각, 형세를 읽는 흐름, 승부에 임하는 자세까지 모든 요소가 균형을 이룰 때 최고의 기량을 발휘할 수 있었다.

그런데 어느 순간 그 균형이 깨졌다. 전형적으로 프로 의식이 부족할 때 생기는 현상으로, 이는 매우 심각한 상황이다. 내 안에 존재했던 프로 의식이 없어진 것이고, 기준선 자체가 없어진 상황이었다. 느슨함과 방심이 내 안에 스며들면서 프로 의식을 무너뜨렸다. 지금 생각해보면 그 시기의 부진은 내가 가장 먼저 감지한 '감각의 균열'이었다.

한번 무너진 균형은 좀처럼 돌아오지 않았다. 내려가는 건 순식간이었지만 다시 끌어올리는 데는 시간이 정해져 있지 않았다. 에너지와 집중력, 자신감까지 모두 예전 같지 않았다. 처음 겪는 낯선 감정 앞에서 당황했고, '정말 이대로 회복이 안 되는 걸까?' 하는 의문이 마음을 짓눌렀다.

성공 경험이 다시 감각을 깨우다

슬럼프를 겪던 와중에 작은 변화가 찾아왔다. 중국 갑조 리그에 참가하면서 바둑 대국의 환경이 달라졌고, 오랜만에 새로운 긴장감이 생겼다. 낯선 땅에서 낯선 팀에 속해 경기를 치르며 이전과는 다른 자극을 받았다. 그 덕분인지 감각이 서서히 되살아나기 시작했다.

마침내 결정적인 전환점이 찾아왔다. 2004년 토요타덴소배 세계 대회 4강전, 쿵제 9단과의 대국이었다. 그 경기는 지금도 또렷이 기억난다. 경기 전부터 마음이 무겁게 가라앉았고 대국 내내 흐름은 나에게 불리하게 흘렀다. 중반쯤엔 '오늘은 여기까지인가' 싶은 순간도 있었다.

그럼에도 끝까지 포기하지 않았다. 후반부로 접어들면서 쿤제가 초읽기에 몰렸고 시간 연장을 위해 의미 없는 수를 두는 실수를 저질렀다. 나는 그 작은 방심이 불러온 균열을 정확히 파고들었다. 덕분에 무너진 형세를 단숨에 뒤집으면서 마침내 대역전승으로 대국을 마무리할 수 있었다.

돌이켜 보면 그날의 승부는 단순한 한 판의 역전극이 아니었다. 복기를 거듭할수록 점점 더 분명해졌다. 그 승리는 실력만으로 설명되지 않는다. 운적 요소, 마지막 순간까지 집중했던 태도 등 모든 것이 절묘하게 맞아떨어져 이룬 결과였다.

그러나 그보다 더 중요했던 것이 있다. 쿤제와의 대국을 통해 무너졌던 내 안의 기준선이 다시 제자리를 찾기 시작했다는 점이다. 오랫동안 어긋나 있던 감각이 천천히 돌아왔고, 흐트러졌던 리듬도 조금씩 맞춰졌다.

지금도 그때 기억이 선명하다. 당시에는 감각이 많이 무뎌져 있었지만 그 대국에서 이긴 뒤에야 비로소 조금씩 감각이 살아나는 느낌이 들었다. 다시 나다운 바둑을 둘 수 있었고 한 수 한 수에 생기가 돌았다. 그러면서 나 자신도 천천히 회복되고 있음을 느꼈다.

나는 그 경험을 통해 하나의 교훈을 얻었다. 슬럼프에서 벗어나는 데는 '성공의 기억'이 반드시 필요하다는 것이다. 그런데 반드시 필요한 성공의 기억은 운이 없다면 불가능하다. 그러니 나는 바둑에 한해서는 대운이 따랐다 할 것이다. 이후 서서히 예전의 리듬을 되찾았고 2007년과 2008년은 내 바둑 인생의 황금기로 기억될 정도다.

조금이라도 방심하거나 마음이 느슨해지면 누구에게나 슬럼프가 찾아올 수 있다. 하지만 그것을 어떻게 받아들이고 통과하느냐는 각자의 몫이다. 내게는 쿵제와의 한 판 승부가 전환점이 되었다. 그 대국을 통해 되살아난 감각과 자신감이 오랫동안 나를 지탱해주었다.

스스로 마음속에 세워둔 기준을 잃지 않는다면, 흔들리거나 넘어져도 다시 일어설 수 있는 복원력이 남아 있다면 언제든 다시 시작할 수 있다.

슬럼프에서 벗어나는 데는
'성공의 기억'이 반드시
필요하다.

Sedol's Comment

무언가를
열렬히 좋아한다는 것

    30여 년간 바둑만 생각하며 살아왔지만 한때 엔터테인먼트 산업에 관심을 가진 적이 있다. 아이돌 그룹이 결성되는 과정, 스타 반열에 오른 뒤 소화해야 하는 스케줄 등이 궁금했다. 그래서 당시 화제였던 걸 그룹 '소녀시대'를 대상으로 여러 가지를 알아봤는데, 막상 들여다보니 그들이 데뷔하는 과정부터 소화하는 일정까지 상상 이상으로 힘들어 보였다.

    애초에 연습생 신분이 되는 것 자체가 쉽지 않았고 연습생 신분으로 상당한 시간이 흐른 뒤 경쟁에서 살아남은 소수의 생존자만이 데뷔할 수 있다. 또 데뷔한 후에도 소수의 그룹만이 최정상 반열에 오른다. 인기 많은 그룹은 엄청난 스케줄을 소화해야 하는데 일반 사람 입장에서는 벅차 보인다.

정리하자면 재능 있는 소수의 사람들이 연습생 신분이 되고, 소수 그룹에서 극소수만이 스타가 된다. 스타가 되고 난 뒤에도 명성을 유지하는 것 또한 굉장히 어렵다. 넘치는 스케줄 외에 근거 없는 루머 혹은 비난, 소속사와의 관계 등 신경 써야 하는 부분이 너무나 많다.

걸 그룹 조사(?)를 통해 내가 얻은 깨달음은 '바둑 기사는 굉장히 편한 직업'이라는 것이었다. 바둑은 신경 써야 하는 부분이 거의 없다. 보통 일에서 받는 스트레스는 사람 때문인 경우가 대부분이다. 하지만 바둑에서는 인간관계가 좋든 나쁘든 전혀 영향을 미치지 않는다.

내가 기억하는 첫 걸 그룹은 SES다. 걸 그룹이라는 단어가 생소하던 시절이었다. 사실 나보다 형들이 훨씬 좋아해서 엄청난 팬이었다고 말하기 어렵다. 이후에도 많은 걸 그룹이 등장했지만 팬이 되지는 않았다. 제대로 팬이라고 말할 수 있는 걸 그룹은 티아라다. 매우 매력적인 그룹인데 굴곡이 많았다. 나는 그들을 응원했다. 지금은 오마이걸 팬이다. 노래 스타일, 팀 결속력, 한 명 한 명의 매력 등에 빠져 처음으로 제대로 '입덕'한 그룹이다.

상당히 늦게 입덕한 편인데, 삶의 활력소가 되기도 해서 굉장히 긍정적으로 생각한다. 사실 오마이걸뿐만 아니라 대부분의 걸 그룹을 응원한다. 조사해본 결과를 바탕으로 그들이 얼마나 힘든 일을 하는지 잘 알고 있기 때문이다. 무언가를 좋아하는 일은 삶의 활력소가 되는 동시에 사람에 대한 이해를 넓히는 계기이기도 한 것 같다. 앞으로도 그들을 계속 응원할 계획이다.

6장

인공지능 시대를 위한 인간의 승부수

알파고 쇼크, 미래는 이미 와 있다

나는 25년이 넘는 시간 동안 바둑을 두며 살아왔다. 긴 여정 속에서 가장 큰 전환점을 꼽으라면 단연 2016년 알파고와의 대국을 들 수 있다. 그 한 판은 나에게도, 바둑계 전체에도 커다란 충격이자 새로운 출발점이었다. 예전에는 바둑을 공부한다고 하면, 선배 기사들이 둔 기보를 따라 두며 수의 의미와 의도를 파악하는 것이 기본이었다. 복기란 상대의 생각을 되짚어보는 훈련이었고, 그 안에서 나만의 수를 창조해내는 감각이 중요했다.

하지만 알파고 이후로 인공지능이 바둑의 길을 제시하는 시대가 되었다. 프로 기사들조차 인공지능이 선택한 수를 분석하며 공부하고 있다. 그러다 보니 과거의 유명한 대국은 역사적 가치의 소중함은 여전히 인정받지만, 기술적 관점에서는 점점 의미가 퇴색하고 있다. 실제 훈련이나 연구 자료로서의 활용도 역시 예전만큼 높지 않다. 이러한 변화 속에서 바둑을 대하는 시선 또한 달라지고 있음을 체감한다.

이러한 변화가 나쁘다고 말하려는 것은 아니다. 인공지능 덕분에 더 빠르고 정확한 수를 찾을 수 있게 되었고, 실력의 평균치도 높아졌으니 말이다. 다만 창의성과 철학의 깊이가 예전만큼 발휘되기 어려운 구조가 되어가는 점은 조금 아쉽다.

알파고와의 대국 이후 약 10년. 바둑계가 크게 달라졌듯 세상 역시 급속한 변화의 소용돌이 속에 들어섰다. 이제 우리는 본격적인 인공지능 시대를 살아가고 있다. 생성형 인공지능이 등장하면서 변화의 속도가 한층 높아졌으며 더 이상 '인공지능이 무엇을 할 수 있느냐'를 묻는 시대는 지나갔다. 이제는 오히려 '인공지능 시대에 인간은 무엇을 해야 하는가'를 깊이 고민해야 할 때다.

인공지능은 인간이 만든 것이지만 어느새 인간의 영역

을 넘보기 시작했다. 나아가 인간의 의미 자체를 흔들고 있다. 인간만이 가능한 영역이라고 믿었던 예술 세계에도 인공지능은 훌륭히 입성했으며, 때로는 인간보다 더 인간적인 예술 작품을 만들어내는 실정이다.

기술은 언제나 사회의 방향을 바꾸어왔다. 하지만 지금 우리가 마주한 변화는 이전과는 확실히 결이 다르다. 단순히 빠르기만 한 변화가 아니라, 인간 문명의 철학과 삶의 방식을 새롭게 써 내려가고 있기 때문이다. 인공지능에 의한 전환은 더 근본적이고, 더 구조적이며, 더 전방위적이다. 그리고 우리는 지금, 그 변화의 한복판에 서 있다.

거스를 수 없는 흐름

산업 전반을 살펴보면 이제는 인공지능 없는 시스템을 떠올리기조차 어려울 지경이다. 인공지능은 이미 우리 일과 삶 곳곳에 깊숙이 스며들어 있다. 따라서 인공지능을 고려하지 않는다면 시대의 흐름에서 자연스럽게 밀려날 수밖에 없다. 어느 한 분야만을 집어 말하기 어려운 이유도 사실상 거의 모든 산업이 인공지능의 영향을 받고 있기 때문이다.

그렇다면 현재이자 동시에 미래이기도 한 인공지능 시대를 어떻게 살아가야 할까? 막연히 두려워하거나 무시하는 것이 답은 아닐 터다. 변화의 흐름을 차분히 받아들이면서 나만의 속도로 방향을 찾아가는 것이 중요하다고 생각한다.

먼저 변화를 인정하는 것이 출발점이다. 세상이 바뀌고 있다는 사실을 받아들이는 것만으로도 반은 성공한 셈이다. 둘째, 변화를 인정했다면 그 기술을 어떻게 활용할 수 있을지 고민하는 단계로 나아가야 한다. 여기서는 단순히 최신 기술을 소비하는 데서 멈추지 않고, 자신의 삶이나 일터에 어떤 방식으로 적용할 수 있을지 실질적으로 생각해보아야 한다. 셋째, 단순히 인공지능을 도구로 활용하는 데 그치지 않고, 인공지능이 만들어가는 흐름을 읽고 그 흐름의 중심에 서는 것이 중요하다. 이 흐름은 계속 바뀌기 때문에 한번 배운 지식에 안주해서는 금세 뒤처질 수밖에 없다.

지금 우리에게 진짜 필요한 논의는 바로 세 번째 단계에 있다. 이는 단지 개인의 역량을 키우는 문제에만 그치지 않는다. 사회 전체가 함께 고민해야 할 과제이며, 나아가 국가적 차원의 전략으로도 이어져야 한다.

기술은 눈 깜짝할 사이에 진보하지만 사회 시스템이나 법 제도는 그 속도를 따라가지 못하는 경우가 많다. 따라서 기술적 대비만큼이나 사회적·법적 합의와 새로운 규범을 함께 마련하는 일이 중요하다. 그래야만 기술에 사회가 어느 정도 맞춰갈 수 있다. 기술이 사회를 압도하는 시대이니만큼 사회 전체가 이를 인정하고 최대한 빠르게 합의점을 찾아야 할 것이다.

자율 주행을 예로 들어보자. 언젠가 사람이 직접 운전하지 못하는 날이 온다면 어떨까? 우리는 과연 그 사실을 자연스럽게 받아들일 수 있을까? 생각해보면 지금까지 수많은 교통사고는 인간의 실수 때문에 일어났다. 음주 운전, 졸음 운전, 미숙 운전, 심지어 보복 운전까지. 모두 사람의 감정과 판단 때문에 발생한 위험한 순간이었다.

그런 인간에게 계속 운전대를 맡기는 것이 과연 옳은 일일까? 만일 훗날 우리가 하던 운전 방식이 역사책에 실린다면 어떤 평가를 받을까? 미래 사람들은 지금의 운전 방식을 두고 비효율적이고 위험한 방식이었다고 평가할지도 모른다. 반대로 인간만의 감각과 통제권을 잃어버린 일로 안타까워할 수도 있다.

이번에는 의료 영역을 들여다보자. 이미 많은 분야에서 인공지능이 적극 도입되고 있다. 특히 질병을 진단하거나 의료 데이터를 분석하는 데는 오히려 인간보다 더 정밀하고 빠르다는 평가를 받는다. 물론 지금까지는 최종적으로 수술을 집도하는 역할만큼은 인간의 몫으로 남아 있다. 그러나 앞으로도 계속 그럴 것이라고 확신하기는 어렵다. 수많은 변수와 긴장 속에서 인간은 언제든 실수를 저지를 수 있다. 그렇다면 그런 인간에게 우리의 소중한 몸을 맡기는 일이 과연 언제까지 자연스럽게 받아들여질 수 있을까?

인공지능을 탑재한 로봇은 어떤가? 인공지능이 인간과 비슷한 물리적 신체를 갖게 된다면 변화의 속도는 지금보다 훨씬 더 가속화될 것이다. 그들이 인간과 비슷한 외형을 갖추든 아니면 전혀 다른 방식으로 확장되든 간에 결국 인간이 해오던 많은 일은 인공지능 로봇에 의해 빠르게 대체될 가능성이 높다. 사실 '많은' 정도가 아니라 '거의 모든' 일이라고 해도 과언이 아니다. 지금까지 인간만이 할 수 있다고 여겼던 일조차 인공지능의 손에 넘어가게 될지 모른다.

그렇기에 우리는 그동안 너무나 당연하게 여겨왔던 것을 처음부터 다시 생각해볼 필요가 있다. 더 늦기 전에 말이다. 교육은 어떻게 이루어져야 하는지, 취업의 기준은 무엇이어야 하는지, 일상생활에서 어떤 방식으로 살아가야 하는지까지, 거의 모든 영역이 빠르게 바뀌고 있으니 더 지체해선 안 된다.

지금은 과거의 상식이나 기준이 더 이상 유효하지 않은 시대다. 우리는 거센 변화의 파도 속에 놓여 있다. 한때 '당연하다' 여겨졌던 것이 더 이상 '당연하지 않은 세상'인 만큼 예측 불가능한 물결 속에서 방향을 잡아야 한다.

취업과 창업을 바라보는 시선의 변화

취업에 대해서도 이제는 조금 다른 시선이 필요하다. 지금도 일자리를 구하는 일이 쉽지 않지만 앞으로는 더 어려워질 가능성이 높다. 특히 인공지능 기술이 빠르게 확산되고 산업 구조가 크게 바뀌면서 기존 일자리는 점점 줄어들고 있다.

이제는 '어떻게 취업할까'보다 '무엇으로, 어떻게 창업할까'를 먼저 고민해야 하는 시대가 되었다. 직장에 다니는 사람이라도 예외는 아니다. 자신의 성향과 재능, 그리고 시대 흐름에 맞는 창업 아이템을 미리 떠올려보는 것만으로도 중요한 대비가 될 수 있다.

산업의 판이 흔들리는 지금, 그것은 분명 위기지만 동시에 새로운 기회를 만들어낼 수 있는 출발점이기도 하다. 중요한 것은 변화의 흐름을 두려워하지 않고, 그 안에서 나만의 길을 차분히 모색해보려는 태도다.

지금은 아직 변화가 본격화되기 전인 초기 단계에 있다고 볼 수 있다. 그렇기에 너무 늦기 전에 미리 준비하는 것이 중요하다. 특히 소규모 창업은 큰 부담 없이 시작할 수 있는 현실적인 선택지가 될 수 있다.

지금 당장 무언가를 실행하지 않더라도 관심을 갖고 주변을 살펴보는 것만으로도 첫걸음을 내디딘 셈이다. 작지만 가능성 있는 아이템은 생각보다 가까운 곳에 있다. 중요한 건 조급해하지 않고 나에게 맞는 방향을 차분히 찾아가려는 자세다.

머지않아 창업이 '특별한 선택'이 아니라 '당연한 수순'처럼 여겨지는 사회가 올지도 모른다. 그 이유는 분명하다. 인공지능이 인간의 업무를 빠르게 대체하면서 지금과 같은 대규모 고용구조는 더 이상 지속되기 어려울 가능성이 크기 때문이다.

반복적인 일은 기계가, 복잡한 판단은 인공지능이 맡는 시대가 오면 조직은 더 적은 인원으로도 충분히 운영할 수 있게 된다. 고용의 문이 점점 좁아질수록 사람들은 스스로 일자리를 만들어야 하는 상황에 놓일 것이다. 그런 점에서 창업은 이제 일부 도전적인 사람만의 일이 아니라 누구나 고려해야 할 생존 전략이 되어가고 있다.

지금까지 우리는 창업을 위험하고 어려운 길로 여겨왔지만 이제는 그 생각을 바꿔볼 필요가 있지 않을까. 시대가 바뀌었으므로 우리의 관점도 바꿔야 한다. '창업을 할까 말까'는 더 이상 고민의 대상이 아닐지도 모른다. 문제는 아직도 창업을 '예외적인 선택'으로 보는 시선에 있다. 변화의 흐름을 외면한 채 예전의 관념에 머무는 것이 더 위험한 선택일 수 있다는 걸 생각해보자. 이제는 창업을 두려워할 때가 아니라, 그 흐름 안에서 나만의 방향을 어떻게 만들어갈지 질문해야 할 시점이다.

무엇보다 먼저 자신에게 조용히 질문하는 시간을 가져야 한다. 내가 진심으로 하고 싶은 일은 무엇인지, 내가 잘할 수 있는 일은 어떤 것인지. 답을 찾았다면 그 일의 방향성과 현실적인 가능성을 살펴보는 과정이 필요하다. 조급해할 필요는 없다. 시간을 넉넉히 두고 천천히 준비해도 괜찮다.

또 처음부터 큰 자본을 투입해야 한다고 생각할 필요도 없다. 오히려 소규모로 시작할 아이템을 찾는 것이 더 현명한 접근이 될 수 있다. '그런 사업은 없다'고 섣불리 단정하지 말고, 주변에 숨어 있는 작고 사소한 기회라도 놓치지 않도록 관심을 갖고 귀를 기울여보자. 그러다 보면 분명히 자신에게 맞는 창업 아이템을 발견할 수 있을 것이다.

강점으로 승부수를 던져라

만약 창업이 취업만큼 대중화된다면 'A는 B에게', 'B는 C에게', 'C는 A에게' 무언가를 제공하는 순환형 사회가 될 수 있다. 그렇게 되면 중요한 것은 '나만의 확실한 강점'을 갖추는 일이다. 지금도 강점은 중요하지만 앞으로는 뚜렷한 강점 없이 성공하기 어려운 시대가 올 가능성이 높다.

적절한지 모르겠지만 바둑에 비유한다면 바둑판 위에서는 정답이 따로 없다. 어떤 사람은 돌들이 연결되어 상대의 공격을 잘 막아내며 세력을 확장할 수 있는 두터움을 중요하게 여기고, 어떤 사람은 날카로운 수를 즐긴다. 어떤 사람은 공격적으로 내달리고, 어떤 사람은 섬세하게 방어한다. 전체를 조망하며 큰 그림을 그리는 사람이 있는가 하면, 국지전에서 치밀하게 승부를 거는 사람도 있다. 어떤 이는 정석을 충실히 따르며 안정감을 추구하고, 어떤 이는 의외성과 창의성으로 상대의 허를 찌른다.

인공지능이 나오기 전까지 바둑 세계에서는 각기 다른 기풍과 수법을 갖춘 기사가 저마다의 방식으로 한 판을 만들어왔다. 이처럼 앞으로의 사회 역시 정형화된 성공 공식을 따르기보다 각자가 지닌 고유한 차별성과 강점이 더욱 중요하게 작용하는 방향으로 나아갈 것이다. 즉 모두가 똑같은 길을 따라가는 시대는 저물고 있으며, 자신만의 스타일과 철학으로 승부하는 사람이 경쟁력을 갖는 사회가 열리고 있다는 뜻이다.

우리는 지금까지 강점을 키우기보다 약점을 줄이는 데 집중하는 교육과 사회 환경에서 자라왔다. 물론 약점을 보완하는 일도 필요하다. 하지만 이제는 각자의 강점을 스스로 발견하고, 그것을 자연스럽게 드러내며 발전시켜나가는 자세가 훨씬 더 중요한 시대가 되고 있음을 기억하자.

정형화된 성공 공식을
따르기보다 각자가 지닌
고유한 차별성과 강점이 더욱
중요해질 것이다.

작지만 자신 있는 한 가지 일이 나를 말해주는 시대다. 그 강점이야말로 변화의 흐름 속에서 흔들리지 않는 나만의 무기가 될 것이다.

기술의 진화를 어떻게 받아들일 것인가

인공지능 기술의 발전 속도는 우리가 그려온 미래를 앞질러 가고 있다. 더 이상 막연한 상상 속에만 존재하는 먼 훗날의 이야기가 아니다. 몇 년 전만 해도 사람들은 인공지능이 그림을 그리고, 책을 쓰고, 질병을 예측하는 세상을 상상조차 하지 못했다. 하지만 지금은 그 모든 일이 일상이 되어가고 있다.

상상이 현실이 되는 속도

무엇보다 무서운 건 기술의 '한계'를 아직 아무도 모른다는 점이다. 일부 전문가들은 인공지능이 전기에너지에 의존하는 이상 분명한 물리적 한계가 존재한다고 말한다. 하지만 만약 핵융합이나 차세대 에너지 기술이 인공지능과 결합된다면? 그러면 이야기가 완전히 달라진다. 에너지의 패러다임이 바뀌는 순간 기술의 한계 또한 무의미해질 수 있다.

핵심은 인공지능이 '에너지의 틀과 패러다임'까지 바꿔버릴 수 있는가, 혹은 그것을 전제로 발전할 수 있는가다. 지금은 그 가능성이 아주 낮아 보일 수 있다. 하지만 기술이라는 건 늘 '처음엔 어렵다가도 어느 순간 갑자기 현실이 되는' 경향이 있지 않은가. 바둑에서도 그런 순간이 있다. 분명 이길 수 없는 형세라 여겼는데, 단 하나의 묘수로 판 전체가 뒤집히기도 한다. 인공지능의 에너지 문제도 어쩌면 그런 묘수 하나를 기다리고 있는 건 아닐까.

인공지능은 현재의 기술 수준만으로도 계속 진화할 수 있는 가능성을 충분히 지니고 있다고 생각한다. 앞으로 10년, 인간의 일과 삶을 뒤흔들 예측 불가능한 전개가 우리를 기다리고 있을지도 모른다.

인공지능 기술 주권을 확보하기 위한 세 가지 과제

그렇다면 10년 후는 어떨까? 그때도 '불가능하다'고 단정할 수 있을까? 예를 들어 인공지능이 양자 컴퓨터 설계를 주도한다고 가정해보자. 수많은 시뮬레이션을 통해 성공 가능성이 가장 높은 경로를 찾아내고 인간이 이를 실행에 옮긴다면, 지금은 공상처럼 들리는 일도 언젠가는 현실이 될 수 있다.

하지만 이 모든 가능성보다 더 중요한 것이 있다. 이제 우리도 인공지능 기술 분야에서 더 이상 뒤처져서는 안 된다는 점이다. 세계가 빠르게 움직이고 있는 만큼 우리 역시 그 흐름 속에서 주도권을 잃지 않기 위해 노력해야 한다. <u>무엇보다 자립적인 기술력을 갖추는 일은 이제 선택이 아니라 꼭 필요한 과제가 되었다.</u>

이를 위해서는 다음의 세 가지가 필요하다고 생각한다.

첫째, 예산과 정책이 뒷받침되어야 한다. 국가 예산이 빠듯하다는 현실을 모르지 않는다. 그럼에도 감당 가능한 범위 안에서 인공지능 기술에 대한 최대한의 예산을 확보하고, 관련 정책을 체계적으로 정비해나가는 노력이 필요하다. 인공지능은 미래의 핵심 경쟁력이 될 수 있으므로 지금의 투자는 결국 우리 사회의 지속 가능한 미래와 연결된다는 인식이 중요하다.

둘째, 사회적 관심과 응원이 함께해야 한다. 인공지능에 대한 관심은 분명히 높아지고 있지만 아직 사회 전체 분위기로 보자면 갈 길이 멀다. 예를 들어 데이터 센터를 건립하려면 많은 전력이 필요하므로 발전 시설이 함께 들어서야 하는 경우가 많다. 이때 지역 주민들의 반발이 적지 않은 게 현실이다. 물론 그 우려는 충분히 이해할 수 있다. 하지만 국토가 좁은 우리나라의 특성상 정부와 시민이 서로 협력하지 않으면 이 문제를 풀기 어렵다. 이제는 더 넓은 시야와 유연한 태도가 필요한 시점이다.

셋째, 기업 간 협력과 국제적 연대가 필요하다. 우리나라는 인공지능 기술 개발에서 아직 후발 주자에 가깝다. 단일 기업이 인공지능의 전 영역을 주도하기에는 한계가 뚜렷하기에 서로의 강점을 살릴 수 있는 협력 구조를 마련해야 한다. 또 기술을 함께 개발해나갈 수 있는 생태계를 조성하는 것이 중요하다. 더 나아가 해외의 유망한 파트너 국가들과 공동 연구를 추진하고, 기술적 연대를 넓혀가는 노력도 적극 검토해야 한다.

기술이 사회구조를 바꾸면 가장 먼저 영향을 받는 건 아이들이다. 인공지능이 고용의 판을 바꾸고 인간의 역할이 재정의되는 시대라면, 우리가 가장 먼저 다시 생각해야 할 시스템은 단연 '교육'이 아닐까. 교육은 미래를 준비하는 장치이자 사회를 지탱하는 가장 근본적인 기반이기 때문이다. 그래서 지금 우리는 '인공지능 시대의 교육'을 새롭게 설계해야 할 필요가 있다.

교육 시스템부터 리셋해야 한다

어떤 이는 학생의 삶과 사회인의 삶을 뚜렷하게 나누어 생각할지도 모른다. 그러나 학생에게 '교육받는 일'은 단순히 지식을 배우는 과정을 넘어, 사회생활이기도 하다. 하루 대부분을 학교에서 보내고, 정해진 역할과 규칙을 따르며, 끊임없는 평가 속에서 살아가는 일상은 사회의 축소판과 다름없으니 말이다. 그런 점에서 지금의 교육은 단지 학문을 배우는 과정을 넘어 우리 사회구조의 일부로 충분히 이해될 수 있을 것이다.

그렇기에 교육 현장에서 벌어지는 일은 '학생 개인의 문제'로만 바라봐서는 안 된다. 학생들은 이미 우리 사회의 일원이자 앞으로 사회를 이끌어갈 주체다. 특히 인공지능 기술이 빠르게 확산되는 지금, 교육 역시 새로운 기준과 방향을 설정해야 한다. 단순히 지식을 전달하는 수준을 넘어 학생들이 스스로 사고하고 판단하며, 기술과 공존하는 역량을 키우는 일이 어느 때보다 중요해지고 있다.

지금의 교육은 산업화 시대에 최적화된 방식이다. 하지만 우리 아이들이 살아갈 세상은 그 시절과는 분명히 다른 방향으로 가고 있다. 이들은 인공지능과 함께 공부하고, 협업하며, 그 기술을 바탕으로 자신만의 길을 주체적으로 설계해나가야 한다. 이러한 변화는 과거처럼 '정해진 진로를 따르는' 방식과는 본질적으로 다르다. 그렇기에 암기식·주입식 교육만으로는 한계가 분명하다. 이제는 창의성, 협업 능력, 문제 해결력과 같은 새로운 역량이 중심에 놓여야 한다는 목소리가 커지고 있다.

산업구조가 빠르게 재편되고 인간의 역할까지 새롭게 정의되는 지금, 과거의 교육 시스템만으로는 변화의 속도를 따라가기 어렵다. 단순히 커리큘럼 몇 가지를 수정하는 정도로는 부족하며 경우에 따라서는 교육의 틀을 처음부터 다시 고민해야 할지도 모른다. 미래를 준비하기 위해 필요한 것은 근본부터 바꾸려는 상상력과 용기다.

그러나 현실을 들여다보면 아쉬움이 남는다. 현재의 교

육 시스템은 효율성은 물론 자율성도 부족하고, 이를 든든하게 뒷받침해줄 법적 기반 또한 충분하지 않아 보인다. 이런 상태로는 인공지능 시대에 효과적으로 대응하기 어렵다. 어쩌면 우리는 지금도 '사실상 의미 없는 무언가'를 배우고 있는지도 모른다. 변화의 필요성은 누구나 말하지만, 정작 현실은 여전히 제자리에 머물러 있는 건 아닐까.

   이 주제는 워낙 조심스럽고 다양한 시선이 존재하는 만큼 모든 이야기를 다 꺼내긴 어려울지도 모르겠다. 여기서 잠시 멈추고 다음 이야기를 위해 숨을 고르려 한다.

추상적 사고의 힘을 쌓아야 할 때

 인공지능의 시대에도 바둑이 사람을 단련시키는 깊이 있는 훈련이라는 점은 여전하다. 정답이 넘쳐나는 시대에도 스스로 한 수를 선택하고 그 결과를 받아들이는 일에는 인간적인 고뇌와 책임이 깃들어 있다. 그래서 바둑은 단순한 게임이라기보다 생각하는 힘을 길러주는 사고 훈련 중 하나로 바라볼 필요가 있다.

 지금 우리에게 필요한 건 '정답을 외우는 힘'이 아니라 '정답을 만들어가는 힘'이다. 즉 스스로 선택하고 책임지는 훈련, 자기만의 길을 설계하는 능력이 그 어느 때보다 절실해졌다. 그런 점에서 앞서 말했듯 교육도 이제는 바뀌어야 하지 않을까. 그래야 인공지능 시대에도 인간은 인간으로

서의 자리를 지킬 수 있을 것이다.

예전의 바둑 공부는 '사활 문제'를 푸는 것에서 시작됐다. 정답지가 따로 없는 고전 문제집을 반복해서 풀며, 스스로 답을 찾아가는 방식이었다. 수학에 비유하자면, 정해진 공식을 외우는 게 아니라 논리와 감각을 통해 해답을 추론해보는 훈련에 가까웠다.

그 과정은 단순히 기술을 익히는 연습이 아니라 '생각의 지도'를 그려보는 일이었다. 어디서부터 어떻게 접근할지, 어떤 길이 더 효율적인지 고민하면서 머릿속에 자기만의 길을 만들어가는 시간이었던 셈이다.

바둑에서든 수학에서든 결국 중요한 건 '답' 자체가 아니다. 진짜 실력을 가늠하는 요소는 그 답에 어떻게 도달했는지, 문제를 마주하는 태도는 어땠는지, 실수를 어떻게 받아들였는지 하는 점일지도 모른다. 전체를 바라보는 시선과 그에 바탕을 둔 판단력이 어쩌면 더 중요한 힘이 될 수도 있기 때문이다.

지키기만 하는 사람보다 때때로 실수를 하더라도 주도적으로 움직이는 사람이 더 멀리 나아간다. 하지만 우리의 교육은 여전히 정답 중심에서 크게 벗어나지 못하고 있다.

그러면 추상적인 사고나 창의적인 탐색은 방해를 받고, 실험과 실패는 쉽게 허용되지 않는다.

수학처럼 본질적으로 추상적 힘이 요구되는 분야조차 우리는 아직 그 출발선에 제대로 서지 못한 듯하다. 세계적인 수학자, 예술가, 창의적인 프로그래머가 자주 등장하지 않는 이유도 이와 무관하지 않은 것 같다.

바둑은 '생각의 힘'을 길러주는 최고의 교육

바둑은 가능하면 어릴 때부터 접하는 것이 좋다. 사고 체계가 굳기 전, 추상적 사고력이 열리기 전에 바둑을 배우면 더 깊이 있는 사고력을 기를 수 있기 때문이다. 보통 초등학교 3학년 무렵부터 추상 학습이 가능하다고 보지만, 그보다 이른 시기에 놀이처럼 바둑을 익히는 것이 훨씬 더 효과적일 수 있다.

바둑은 겉으로는 전략 게임처럼 보이지만 실제로는 사고력과 공간지각 능력을 자연스럽게 키워주는 활동이다. 판 전체를 바라보는 힘이나, 수순을 따라가며 흐름을 읽는 감각은 단순한 기술을 넘어서는 깊이 있는 사 이어질 수 있다.

그런 점에서 바둑은 음악이나 미술과도 닮았다. 결과보다 과정을 통해 내공이 쌓이고, 집중력과 감각이 함께 자라기 때문이다. 바둑을 배우는 일 역시 기술 습득보다 자기 안의 '생각하는 힘'을 쌓아가는 과정에 더 가깝다고 할 수 있다.

음악을 배울 때처럼 바둑도 '지금 당장 써먹지 않아도 나에게 분명히 뭔가가 남는다'는 마음으로 접해볼 만하다. 그런 믿음 속에서 천천히 쌓아가는 경험이 아이의 사고력을 조금씩 단단하게 만들어줄 것이다.

일주일에 세 번씩, 3년 정도 꾸준히 바둑을 배운다면 그 효과를 자연스럽게 체감할 수 있다. 단기간에 실력이 눈에 띄게 늘기보다 반복과 축적을 통해 사고의 깊이가 서서히 자라나는 훈련이기 때문이다. 마치 리듬을 타듯 일정한 간격으로 접해야 사고의 회로가 제대로 열리고, 그 흐름이 몸에 배기 시작한다.

무엇보다 바둑은 대체하기 어려운 독특한 추상 전략 게임이다. 체스나 장기 같은 게임도 전략성과 규칙이 있기는 하다. 하지만 바둑만큼 높은 수준의 추상성과 해석 가능성을 동시에 지닌 게임은 드물다. 그래서 바둑은 단순한 오락이 아니라 깊이 있는 '사고 훈련'으로 접근하는 것이 적절하다.

요즘 아이들은 빠르게 소비되는 자극에 익숙하다 보니 깊이 있게 사고하거나 논리의 흐름을 따라가는 데 어려움을 겪는 경우가 많다. 그럴수록 바둑은 더욱 의미 있는 훈련이 될 가능성이 높다. 겉으로는 바둑을 잘 따라오지 못하는 아이일수록 바둑이 더 필요한지도 모른다.

수읽기와 형세 판단을 반복하는 과정에서 아이는 자연스럽게 자신의 사고방식과 한계를 마주하게 된다. 그것은 조용하고도 깊은 성찰의 시간이 되어줄 수 있다.

바둑판 앞에서는 나이도 실력도 숨길 수 없다. 초등학생이든 대학생이든, 각자의 깊이에 따라 사고의 층위가 달라지기 때문이다.

바둑을 배울 때 가장 많이 하는 이야기가 있다.
"룰은 간단한데, 왜 이렇게 어려운 걸까?"
그것은 아마도 '스스로 생각하고 만들어가는 힘'이 약하기 때문일 것이다. 백지에 무언가를 그려본 경험이 없는 사람에게 바둑은 막막하게 느껴질 수 있다. 하지만 그 막막함을 견디며 계속 두다 보면 어느 순간 자신만의 길이 생겨난다. 형태의 미학, 효율의 판단, 전략의 감각이 자연스럽게 자라나는 것이다.

바둑은 테트리스처럼 단순한 도형 놀이 같지만 그보다 훨씬 복잡하고 섬세한 세계다. 모양이 예쁘다고 해서 이기는 것도 아니고, 효율이 언제나 정답이 되는 것도 아니다. 정해진 패턴보다 중요한 건 실전에서의 응용과 전환이다. 그것이 바둑의 묘미이며, 어쩌면 인생의 묘미일지도 모르겠다.

풍요와 함께 찾아온 위기

기술의 발전은 인간에게 일정 부분 풍요로운 삶을 가져다주었지만, 그 풍요 속에는 늘 적지 않은 위기가 숨어 있었다. 특히 지금 우리는 예기치 못한 생존 문제인 기후 위기와 마주하고 있다. 이 거대한 질문 앞에서 우리는 점점 더 인공지능에 의존하며 인류의 미래를 조심스럽게 내맡기려 한다.

인공지능의 발전은 이제 인류가 미래를 걸고 던지는 하나의 선택지처럼 느껴지기도 한다. 물론 인공지능이 언젠가 우리를 위협할 수 있다는 우려 역시 충분히 이해된다. 하지만 그런 두려움만으로는 변화를 온전히 이해하거나 받아들이기 어렵다고 생각한다. 몇 번이고 다시 생각해보아도 우리는 이 기술과 함께 살아가는 방향을 고민할 수밖에 없다.

인간은 본래 무한한 가능성을 지닌 존재라지만, 그 가능성을 발휘하는 것도 시간이 충분할 때 이야기다. 지금 우리는 마지막 초읽기에 들어선 듯한 기분이다. 그리고 그 안에서 마지막 희망은 어쩌면 인공지능일지도 모르겠다는 생각을 조심스레 해본다.

기술은 모두의 것, 책임도 모두의 몫

이제 인공지능은 단순한 기술이나 한 국가만의 문제가 아니다. 국경을 넘어 함께 다뤄야 할 공동 과제가 되었다. 그런 점에서 오픈AI 공동 창립자 샘 올트먼 Sam Altman의 초기 철학은 인상적이었다.

그는 인공지능을 인류 전체의 자산으로 바라보며 특정 소수에게 기술이 귀속되지 않도록 해야 한다고 강조했다. 초기 오픈AI는 비영리 조직으로 출범해 연구 결과를 공개하고, 모두가 함께 발전시켜나가는 방식에 가치를 두었다. 모두를 위한 기술, 함께 책임지는 발전이라는 그의 방향성은 지금도 생각해볼 지점을 남긴다.

하지만 시간이 지나며 그의 생각에도 조금씩 변화가 감지된다. 어쩌면 그 역시 현실적인 경제 환경과 여러 이해관계 속에서 고민이 깊어졌을 것이다. 그럼에도 인공지능 발전의 여정에서 샘 올트먼이 남긴 발자국은 여전히 뚜렷하다.

특히 인공지능 기술이 소수에게만 집중될 경우 어떤 위험이 따르는지 일찍이 환기시켰다는 점은 지금까지도 중요한 메시지로 남아 있다. 그가 처음 제시했던 문제의식은 여전히 유효하다고 본다. 그래서 이 문제는 결코 가볍게 넘길 수 없다. 기술이 극소수에게만 집중된다면 그것은 유토피아가 아니라 디스토피아를 불러올 가능성이 크기 때문이다. 유토피아는 환상일 수 있지만 디스토피아는 실제가 될 수 있으며, 그 결과는 되돌리기 어렵다.

결국 인공지능이라는 거대한 승부수를 성공적으로 활용하려면 기술만큼이나 인간의 지혜와 균형 감각이 중요하다는 뜻이다. 모든 것이 순조롭지 않은 시대일수록 우리는 더욱 신중하고 현명하게 움직여야 한다.

존재에 대한 질문, 삶에 대한 응답

이쯤에서 우리는 다시 한번 존재의 이유를 묻게 된다. 왜 삶은 시작되었고, 우리는 왜 지금 이 순간을 살아가는 걸까?

어쩌면 이 질문은 너무 거창하고, 때로는 막연하게 느껴질 수도 있다. 존재의 이유란 처음부터 정해진 답이 없는 것일지도 모른다. 그리고 인류는 스스로 생각하는 것만큼 대단한 존재가 아닐 수 있다. 모든 것에 억지로 의미를 부여하려 애쓰지 않아도 괜찮다. 그저 주어진 삶에 충실하다면 그것만으로도 충분할 테니 말이다.

그래서일까. 요즘 사람들은 '의미'보다 '가치'를 찾기 시작했다. 삶이 무엇을 뜻하느냐보다 그 삶에 어떤 가치를 담아낼 수 있느냐가 더 중요한 시대가 된 것이다. 가치를 매긴다는 행위는 결코 혼자서는 이뤄낼 수 없는 일이다. 그것은 늘 공동체 안에서 이루어지는 것이기에 그 자체를 부정적으로만 볼 수 없다. 인간은 본래 함께 살아가는 존재이기 때문이다.

다만 공동체의 시선에만 지나치게 매몰된다면 짧은 인생이 조금 아쉽게 느껴질 수도 있다. 적절한 균형 속에서 자기만의 생각과 여유를 지켜나가는 일도 중요하다.

존재에 대한 명확한 답은 없을지라도 우리는 여전히 '가치 있는 삶'을 스스로 만들어갈 수 있다.

사람들은 '의미'보다 '가치'를
찾기 시작했다.

삶이 무엇을 뜻하느냐보다
그 삶에 어떤 가치를 담아낼 수
있느냐가 더 중요해진 것이다.

인공지능과 경쟁하지 않고 협업하는 시대

이제 우리는 인공지능과 경쟁하는 시대가 아니라 협업하는 시대를 맞이하고 있다. 이는 거스를 수 없는 흐름이다. 인공지능에는 고정관념이 없다. 기존의 틀이나 선입견에 얽매이지 않고, 전혀 새로운 방식으로 문제를 바라보며 답을 찾아낸다. 반면 인간은 오랜 시간 익숙한 틀 속에서 사고하며 살아왔다. 이제는 그 틀을 넘어서려는 노력이 더욱 중요해지고 있다.

인공지능 시대를 두려워할 필요는 없다. 하지만 그 변화의 흐름을 진지하게 받아들이고, 제대로 준비하며, 함께 방향을 잡아가려는 태도는 반드시 필요하다. 기술은 더 이상 기술자만의 전유물이 아니다. 우리 모두의 삶과 맞닿아 있는 사회 전체의 문제이자 함께 풀어가야 할 미래의 이야기다.

지금부터라도 함께 고민하고 준비해나간다면 변화의 한가운데서도 각자의 중심을 지킬 수 있지 않을까 싶다. 우리 각자의 자리에서, 조금씩 더 나은 미래를 함께 만들어갈 수 있었으면 좋겠다.

> **Sedol's Comment**
>
> # 인공지능 시대,
> # 그럼에도 바둑을 배워야 할까

　인공지능 시대에 인간이 바둑을 배워야 하는 이유가 있을까? 나는 "그렇다"라고 대답하고 싶다. 추상적 사고를 배우는 데 바둑만 한 것이 없기 때문이다. 인공지능이 바둑을 정복했다고는 하지만 앞서 언급한 것처럼 프로 기사가 아닌 아마추어 입장에서는 변한 것이 없다. 오히려 인공지능 시대가 열리며 추상적인 영역에 대한 가치가 높아져 추상 전략을 돕는 바둑의 가치 역시 상승한다는 게 내 생각이다.
　인공지능 시대의 바둑을 정의한다면 나는 '자신만의 세계를 만드는 것'이라 말하고 싶다. 여러 좋은 게임이 있겠지만 바둑처럼 명확하게 자신만의 세계를 창조하는 것은 없다. 더불어 바둑은 존중, 배려, 책임을 중요하게 생각하는데 이 역시 자신만의 세계를 구축하는 것과 연관이 있다. 자신의 세계를 인정받기 위해서는 상대방의 세계도 존중할 줄 알아야 하기 때문이다.

  자신의 세계에서 일어난 일에 대한 책임은 온전히 자기 자신에게 있다. 그 세계는 누구도 간섭하지 못하고 오롯이 자신만의 정신이 담겨 있는 것이다. 많은 사람들이 자신만의 세계를 만들지 못하고 포기하는 경우가 많다. 진정으로 나다운 삶을 살기 위해 자신의 세계를 구축해나가는 사람이 더 많아졌으면 한다.

  바둑은 어렵다. 하지만 쉽게 생각하면 그저 도형이다. 상대방과 나의 모양을 비교하며 예술적 심미안을 논하고 승부를 가리는 추상 전략 게임이다. 그렇다면 도형에 불과한 바둑이 어려운 이유는 무엇일까? 바둑판이 너무나 넓기 때문이다. 인간이 19줄 361칸을 모두 컨트롤하기는 불가능하다. 그래서 많은 프로 기사들은 바둑을 예술로 생각하고 임했다. 수를 쌓아가며 하나의 예술을 만드는 것이라고 생각했다.

  하지만 인공지능은 달랐다. 바둑은 결국 도형에 불과하

다는 사실을 알려주었고 우리는 예술성을 부정당했다. 이제 프로 기사들은 무엇을 위해 바둑을 두어야 하는가? 바둑이 예술적인 무언가가 아니라면 다른 이유를 찾아야 할 것이다.

일반적으로 생각하면 바둑은 누가 도형을 잘 만드느냐가 관건인 게임이다. 그런데 이처럼 예술성이 제거된 상태에서 게임성만 논하자면 다른 많은 게임과 비교하기 어렵고 바둑이 설 자리는 점점 줄어들 것이다.

전적으로 개인적인 생각이지만 바둑이 지속성을 가지려면 두 가지 중 하나를 만족시켜야 한다고 본다.

첫째, 바둑이 도형에 불과하더라도 프로 기사들이 (바둑 한정) 사고의 확장을 한다면 이는 도형에 불과하지 않을 것이다. 인공지능과 협업해 인간이 어떻게 발전해야 하는지 보여주는 선례이자 인간 진화에 가깝다. 실천하기에는 매우 어렵지만 바둑이 지속성을 가지기 위해선 필요하다고 생각한다.

둘째, 바둑이 인간의 잠재력을 극대화하는 교육으로 자리 잡는 것이다. 지금의 바둑 보급 능력을 감안하면 쉽지 않은 듯 보이지만 둘 중 하나는 만족시켜야 바둑의 지속성을 증명하고 발전해나갈 수 있을 거라고 생각한다.

절대다수의 아마추어 혹은 바둑에 입문하지 않은 사람들에게 바둑의 장점을 어필하고 보급해서 지속성을 갖게 하는 것이 현실적인 돌파구 아닐까? 교육으로서 바둑의 장점을 확실하게 검증받고 바둑을 모르는 많은 사람들에게 이를 설명하면서 한 걸음씩 나아가면 바둑은 인류가 존재하는 한 영속성을 갖췄다고 할 수 있지 않을까 싶다(필자가 출시한 바둑 기반 보드게임을 권하는 바다).

에필로그

다시,
초심자의 마음으로

    2019년 바둑계에서 은퇴한 뒤, 바둑의 진입 문턱을 낮추기 위해 보드게임 작가로 활동했고 최근에는 울산과학기술원UNIST에서 특임 교수로 학생들을 가르치고 있다. 과학자를 꿈꾸는 학생들과 함께 보드게임을 설계하고 구현하면서, 이들이 창의적 문제 해결력과 논리적 사고력을 키울 수 있도록 돕고 있다.

    나는 이제 바둑을 잘 두는 사람보다 잘 만들 줄 아는 사람이 더 필요한 시대라고 생각한다. 인공지능과 협업해 창의적인 규칙과 흐름을 설계하고, 이를 통해 새로운 형태의 무언가를 창조해내는 일이 중요해졌기 때문이다.

    가끔은 외부 강연도 하는데, 이 모든 활동이 나에겐 새롭고 영감을 주는 고마운 일이다. 강의나 강연은 프로 시절의 경험을 나누는 자리지만, 정작 나는 얻기만 하는 것은 아닌지 걱정이 앞선다. 더 깊이 생각하고, 더 발전해야 비로소 나눌 수 있다는 생각이 든다.

한 가지 고충을 이야기하자면 바둑은 매우 전문적인 분야이기에 이를 쉽게 풀어내는 능력이 내게 부족하다는 점이다. 개인적으로 그 능력을 키워야겠다고 다짐하면서도 과연 그게 가능한 일일지, 한계는 없는지 고민이 된다.

강의도, 글쓰기도 아직은 어렵다. 추상적인 내용을 글로 풀어내는 데는 부족하다고 느낀다. 이 글을 읽는 독자 여러분께 죄송한 마음이다. 그저 진심을 담아 전하고 싶다는 마음으로 썼다. 부족한 점은 너그러이 봐주시고, 이 글에 담긴 나의 진심에 공감해주신다면 더 바랄 게 없다. 무엇보다 기존의 책들과는 다른 방향성을 보여줄 수 있기를 바란다.

*** 이미지 출처**

본문 중 'Special Essay—알파고와의 대국을 회고하며'에 수록된 사진은 구글 딥마인드가 제작한 'AlphaGo—The Movie' 영상의 스틸컷입니다. 그 외 사진은 저자와 스튜디오제로가 제공했습니다.

이세돌, 인생의 수읽기

초판 1쇄 발행 2025년 8월 18일
초판 6쇄 발행 2025년 9월 19일

지은이 이세돌

발행인 윤승현 **단행본사업본부장** 신동해
편집장 김예원 **파트장** 정다이 **책임편집** 김다혜
정리 최서윤 **디자인** thiscover **교정교열** 고영숙
마케팅 최혜진 이인국 **홍보** 반여진
제작 정석훈

브랜드 웅진지식하우스 **주소** 경기도 파주시 회동길 20
문의전화 031-956-7357(편집) 031-956-7088(마케팅)
홈페이지 www.wjbooks.co.kr
인스타그램 www.instagram.com/woongjin_readers
페이스북 www.facebook.com/wjbook
블로그 blog.naver.com/wj_booking

발행처 ㈜웅진씽크빅
출판신고 1980년 3월 29일 제406-2007-000046호

ⓒ 이세돌, 2025
ISBN 978-89-01-29688-3 (03190)

* 웅진지식하우스는 ㈜웅진씽크빅 단행본사업본부의 브랜드입니다.
* 저작권법에 의해 한국 내에서 보호를 받는 저작물이므로 무단 전재와 무단 복제를 금합니다.
* 이 책 내용의 전부 또는 일부를 이용하려면 반드시 저작권자와 ㈜웅진씽크빅의 서면 동의를 받아야 합니다.
* 책값은 뒤표지에 있습니다.
* 잘못된 책은 구입하신 곳에서 바꾸어드립니다.